财青学者文丛 Series of Works by Caiqing Sc

国有资本运营公司授权经营研究

本著作受江苏省社会科学基金资助出版，得到以下项目支持：

江苏省社会科学基金后期资助项目《国有资本运营公司授权经营研究》（19HQ012）

江苏现代财税治理协同创新中心项目《党政机关事业单位经营性国有资产管理运营公司治理模式研究》（XDCSXTZB011）

于成永 著

南京大学出版社

鸣谢以下参与调研单位

江苏省财政厅资产管理处
财政部科研所
江苏省编制办
江苏省国资委
南京市财政局
江苏省党政机关事业单位经营性国有资产单位
江苏省事业改企业单位
江苏省会计领军人才(一至四期)所属单位
江苏现代财税协同创新中心

前　言

基于国内改革实践中国有资本授权运营的困境和《改革国有资本授权经营体制方案》(国发〔2019〕9号)、《关于推进国有资本投资、运营公司改革试点的实施意见》(国发〔2018〕23号)、《关于推进中央党政机关和事业单位经营性国有资产集中统一监管试点的实施意见》(中办发〔2018〕44号)等制度背景,为推进党政机关和事业单位的经营性国有资产的集中统一监管的改革实践提供组织基础和授权经营上的规律性认识,本书旨在揭示政府或者履行出资人职责的机构等外部利益相关者如何对国有的资本运营公司进行授权、国有的资本运营公司的内部如何进行授权以及国有的资本运营公司如何对所持股企业进行授权的基本原理;理论上研究符合党政事业所办企业的集中统一监管要求的国有资本的授权经营模式如何创新的问题。

在江苏省财政厅的协助下,研究者进行了党政机关和事业单位所办企业的实地走访调研,开展了多场次的座谈会和专家咨询会,获取了党政机关和事业单位的经营性国有资产的基础数据。这些工作为本书提供了坚实的数据基础①。

本书包括三个专题。

专题一:外部人授权

通过梳理所有者具体化理论与直面化理论以及两权分离的理论观点与相应实践活动规律,研究授权主体的多元化与动态化;通过分析比较间接授权与直接授权、完全授权与部分授权之间的异同以及授权的内容划分,探讨了国有的资本运营公司的授权体制;基于外部授权的视角,探讨了国有的资本运营公司功能的定位、组建方式的选择、注册资本、经营的范围以及实践模式的问题。通过党政机关与事业单位所属企业的授权经营的体制来探讨党政事业的国有资本运营公司(即由党政机关和事业单位所属的企业为基础组建起来的国有

---

① 本书附录列出了相关调研情况。

资本运营的公司,下同)的外部授权问题。

专题二:内部治理

通过制度依据梳理、调查数据分析,提出党政事业的国有资本运营公司的职能部门的设置和职责的设想;通过国外的国有资本运营公司的治理结构、现行的省级层面上国有资本运营公司的治理的结构以及制度上演变的趋势分析等,探讨了党政事业的国有资本运营公司的治理结构的安排以及监督的机构与监督的机制;通过业务调查分析来探讨党政事业的国有资本运营公司的经营方式;以盈利点、盈利的模式及盈利的水平调查为基础,探讨了党政事业的国有资本运营公司的盈利点和盈利分配的问题;从资本的进退方、进退的标准、进退的程序等方面探讨了党政事业的国有资本运营公司资本有序进退策略的问题。

专题三:对所持股企业的授权

通过对省级党政事业的经营性国有资产(即所属企业)的整体分布情况、代表性单位进行分析,本书提出了将这些经营性国有资产纳入党政事业的国有资本运营公司中作为其持股企业的条件;分别从企业集团模式、淡马锡模式以及财团模式的视角,探讨了典型的母子公司的管控模式;分别从小总部大产业、部门运营公司的设置、财务性持股为主、持股企业的治理结构、选人用人的机制以及对所持股企业的考核等方面,探讨了党政事业的国有资本运营公司对所持股企业的管控模式的选择问题。

经过研究,本书提出以下观点:

一是在间接授权的模式下,履行出资人的职责的机构(国资委或者财政部门)对国有的资本运营公司采用部分授权,而在直接授权的模式下,政府对国有的资本运营公司必然走向完全的授权,这源于履行出资人的职责的机构是履行股东的职责而不是公共管理的职能的"政资分开"要求,是专职股东而不是兼职股东身份的重塑要求;从资与企分离也就是资本运营职能从一般的企业职能中剥离或分离的视角来看,国有资本运营公司获得了基于法人财产权的资本的配置权、资本的运作权、资本的回报权与资本的安全权。

二是国有资本的运营公司应避免做成产业控股集团,应避免在投资与运营的职能定位上的混淆和过度的多元化;党政事业的国有资本的运营公司宜采用新建的方式,而注册资本的规模则受多个因素的制约。

三是国有资本的运营公司应设置规划战略、建设制度、配置资源、运营资本、监管财务、管控风险、评价绩效等职能部门,不设置生产经营部门;设置党委会、董事会和经理层等治理结构,不设监事会,建立监督工作的会商机制,注意对公司治理中人员的规模、结构、专长与职业背景等方面进行优化;根据国发[2018]23号和《公司法》等制度法规,结合同类公司的治理安排,做好国有资本运营公司的内部授权;综合权衡现行省级层面上的国有资本运营公司的盈利模式,结合企业自身的情况,决定党政事业的国有资本运营公司的盈利模式,确定盈利的标准,有序推进资本的流转。

四是党政事业的国有资本运营公司接受事改企、脱钩划转和部分保留企业时应处理好后者的人力资本、业务以及人员的资质与主办单位(主管部门)的粘连性问题;采用小总部大产业的模式,先通过主办单位来牵头组建资产经营公司,划入股权进入党政事业的国有资本运营公司后,再按照产业相同或相近进行整合;考虑原主办单位实际的诉求和业务的关联性,设置部门运营公司;采用双层股权结构的改革与混合所有制的改革相互配合,做好留住人才、用好人才的工作;对所持股的企业以财务管控为主体和以战略管控为辅助,进行市场化选人用人与激励,提升所持股企业整体发展的质量。

作为创新,本书构建了国有的资本运营公司授权经营的理论体系,主要包括:国有资本所有者的具体化理论与直面化理论、政(事)企分离理论、资与企分离理论、政与资分离理论以及母子公司管控理论。

一是基于政与企、事与企的分离理论和国有资本的所有者具体化理论与直面化理论,提出了国有资本运营公司的授权链中授权的主体和接权的主体的定位。本书认为,与一般企业的委托代理关系不同,直接授权模式与间接授权模式之间选择上的争议既关乎是否构建政府与企业之间的风险隔离带,也涉及"大国资委""被消失的国资委"与是否遵循国资监管(权)属于财政部门的国际惯例的话题。

二是基于资与企分离理论,提出了国有资本的运营公司定位于国有资本专业化的运作平台,并授予其资本的运营权;与此相对应,一般的国有企业从事生产经营的活动,不从事资本运营的活动。

三是依据政与资分离理论,提出了履行出资人职责的机构应将履行政府的社会公共管理的职能与国有资本的出资人的职责进行分离。

四是基于母子公司的四维度管控理论,提出了国有资本的运营公司对所持股企业的管控应遵循在小总部大产业模式下,实施以财务管控为主和以战略管控为辅,采用部门运营公司与金股等方式来优化所持股企业的股权结构,推进人才的市场化选聘与激励。

本书的学术价值在于,一是运用现行省级层面上的国有资本运营公司的组建、公司治理数据以及相应省份以"管资本"为主推进职能转变的方案验证了政与资分离理论;二是分别从小总部大产业、部门运营公司、金股等四维度充实了母子公司的管控理论。

本书细致梳理了国有资产(资本)的管理体制、监管体制和授权体制的制度演进以及实践进程的脉络,对现行的省级国有资本运营公司的实践经验进行了系统性的整理和分析,结合各地党政事业的经营性国有资产的集中统一监管的改革动态,以及江苏省党政事业的经营性国有资产的摸底调查数据、实地走访调研、专家咨询等,既得出了国有资本运营公司授权经营的一般规律性的结论,也给出了党政事业的国有资本运营公司授权经营的操作性的措施。本书相关咨询报告获得省主要领导批示,以相关政策建议为基础成立了省级党政事业的国有资本运营的公司,并有序开展了经营性的国有资产集中统一监管和有效的资本运营活动。

因此,本书融学术性与可读性于一体,具有相对严密的理论构建和一定程度上的实践操作性,适合国有企业改革、党政机关和事业单位改革理论研究者、实践者以及负责国有资本监管与运营者使用。

2021 年 2 月

目 录

第一章 绪 论 ... 1
- 第一节 研究背景 ... 1
- 第二节 研究的意义 ... 6
- 第三节 研究目标 ... 7
- 第四节 主要研究内容 ... 7
- 第五节 研究方法与技术路线 ... 9
- 第六节 主要创新 ... 10

第二章 制度演进与相关文献综述 ... 14
- 第一节 国有资本运营公司的制度演进 ... 14
- 第二节 相关文献综述 ... 19
- 第三节 述 评 ... 21

第三章 国有资本运营公司外部授权的模式 ... 23
- 第一节 授权与授权主体的演变逻辑 ... 23
- 第二节 授权形式与授权内容的确定依据 ... 32
- 第三节 对省级层面授权模式的探讨 ... 48
- 第四节 组建模式分析 ... 52
- 第五节 党政事业所属企业授权体制的调整思路 ... 62
- 第六节 外部授权变革方向的探讨 ... 65

第四章 国有资本运营公司内部治理的模式 ... 69
- 第一节 公司组织架构的创新 ... 69
- 第二节 治理结构创新的方向 ... 75

第三节　监督机构与机制的搭建 ……………………………… 87
　　第四节　经营范围的划分依据 ……………………………… 92
　　第五节　盈利模式的选择 …………………………………… 98
　　第六节　资本有序进退标准的确定 ………………………… 101

第五章　国有资本运营公司对所持股企业的管控模式 ……… 105
　　第一节　党政事业的经营性国有资产的现状与问题 ……… 105
　　第二节　典型的管控模式分析 ……………………………… 112
　　第三节　党政事业的运营公司对所持股企业的管控模式 … 116

第六章　研究结论与展望 ……………………………………… 121
　　第一节　研究结论 …………………………………………… 121
　　第二节　对策建议 …………………………………………… 123
　　第三节　研究展望 …………………………………………… 124

参考文献 ………………………………………………………… 126

附录一　座谈调研与走访进度 ………………………………… 135

附录二　省会计领军人才非结构性访谈 ……………………… 140

附录三　省有色金属华东地质勘查局非结构性访谈 ………… 148

附录四　省国资委领导非结构性访谈 ………………………… 150

附录五　省住建厅座谈会要点 ………………………………… 155

附录六　南京市财政局座谈会要点 …………………………… 158

附录七　省地矿局调研要点 …………………………………… 166

附录八　财政部科研所专家座谈会要点 ……………………… 171

第一章 绪 论

第一节 研究背景

本书关注国有的资本运营公司的授权模式,主要研究的问题是,专门从事国有资本运营的公司的外部人如何对其进行经营授权、国有资本的运营公司如何对其内部的治理层进行经营授权,以及国有资本的运营公司如何对其所持有股份的企业进行经营授权。在此基础上,本书重点探讨了如何建立符合党政事业的经营性国有资产集中统一经营监管要求的资本运营公司的授权管理的模式、治理的模式以及管控的模式问题①。

需要说明的是,对国有的资本运营公司的具体提法不一,也就是说在实践中,国有的资本运营公司的具体公司的名称各不相同;在制度界定的情景中,经营性国有资产的一般含义是指党政事业所办的企业;外部人是指作为出资人的代表履行出资人职责的政府或者政府有关部门,这个"有关部门"在本书中包括国资委和财政部门,具体是国资委还是财政部门抑或是国资委和财政部门,视具体情境不同而可能不同。

一、制度背景

自从1978年开始,中国开启了改革和开放的新纪元,随后,国有企业进行

---

① 在江苏省财政厅国资处的协助下,研究者进行了党政机关和事业单位所办企业的实地走访调研,开展了多场次座谈会和专家咨询会,获取了党政机关和事业单位的经营性国有资产的基础数据。这些工作为本书提供了坚实的数据基础。作为项目成果,本书能够回答作为江苏省党政机关和事业单位的经营性国有资产的集中统一监管的组织基础——江苏省国金资本运营集团有限公司等类似的省级国有资本运营公司如何组建、如何治理以及如何管控所持股企业的问题;同时,通过国有的资本运营公司授权经营的研究,能够发现国有的资本运营公司治理的一般模式。本书运用了江苏省财税协同创新中心应急课题《党政机关事业单位经营性国有资本运营公司治理模式研究》相应的调研数据。

了一系列的改革。从整体上看,对国有企业的改革基本上围绕着分离国有企业的所有权以及经营权,实现政府对社会公共事务的管理和承担国有资本出资人的职责两者之间的分离,即所谓的政资分离,以及政府与政府所办企业的职能的分离,即所谓的政企分离的目标,并先后经历了"简政放权""让利""两权分离""股份制改革""混合所有制改革"等不同的阶段。而国有资本的监管或者国有资产的监管和制度方面的改革也进入了履行出资人的职责的机构(如国资委、财政部门等)对国有企业的监管的职责和制度的演变的阶段。

党的十八届三中全会是在2013年11月召开的,在这次会议上,对国有资本变革提出了与过去不同的论断。能不能进行以"管资本"为主的监管体制和机制改革,是事关深化改革国资监管体制或者监管机制的转型问题。这次会议提出,创造相应的条件,对部分国企进行改组或采用新建一定数量的企业来专门从事国资运营业务,其结果是形成一定数量的运营或者投资性质的企业。这应该是能够查到的第一次从国家层面上明确地提出"国有资本""国有资本运营"以及"国有资本投资公司"的会议文件①。

中共中央与国务院在2015年8月出台了对国企进一步深化改革进行指导的意见。在这份从国家层面上提出相应意见的文件中,有关国资授权经营监管变革被提出来,强调建立以管国资为主要抓手的监管机制,创造条件改组和组建以从事国资投资或运营为专门任务的企业,开始对国资授权经营的模式进行相应的探索。

国务院在2018年7月出台了国发〔2018〕23号文,对强化国资的投资以及运营企业的试点提出了相应的实施办法。从这份文件中可以看出,国务院第一次系统性地对投资公司以及运营公司等两类公司的功能如何定位、如何选择组建的方式、如何建立授权的机制、如何构建治理的结构、如何选择平台运行的模式,以及进行相关的措施配套等,进行了周到严密的安排。

接着,中央办公厅出台了中办发〔2018〕44号文,对中央党政事业所属企业如何进行监管改革提出了相应的要求。显然,国发〔2018〕23号文和中办发〔2018〕44号文都是要求进一步对党政事业组织所办的企业进行深入变革,推进这些企业进行集中监管和统一监管,通过改组或者组建两类公司这一手段来完成国资授权经营的机制与体制转型,从而达成国有资产管理机制与体制逐步完善,并进而实现国资以市场化运作为导向的效果。

---

① 在学术研究中,国有的资本运营问题的讨论在2000年左右已经兴起(赵北亭、郑旭红等,1998)。

在以上提及的中央层面的文件的指引之下,地方政府和相应的部门纷纷顺势而为。例如,2018年10月出台的苏财资〔2018〕252号文中,江苏省财政厅贯彻落实中办发〔2018〕44号文精神,建议进行必要的充分认识,统筹谋划,并比照财政部的做法,组建两类公司(国有资本的投资与运营公司),实现具有经营性质的事业单位向企业转型的改革、省属高校所属企业的体制改革,以及党政事业的经营性国有资产的集中和统一监管等三大改革任务的有机统一。2018年12月,江苏省财政厅出台了省级层面的党政机关事业单位所属企业统一监管的试点文件,即苏财资〔2018〕300号文,阐述了党政事业所属企业集中和统一监管的变革背景,总结了中央在推进集中和统一监管工作中的主要做法,提出了江苏省在推进相关工作时的建议。

根据上述制度的梳理,可以得到以下结论:一是管资本为主,而不是管人管事管资产的关键在于是否有合格的两类公司;二是两类公司是政企分开的重要平台与手段,也是推进试行党政事业组织所属企业进行集中监管和统一监管的载体;三是国资授权经营、国资监管转型的核心在于管资本为主的转型。

二、实践背景

如图1-1所示,目前国内的国有资本(国有资产)主要分布在国资委和财政部这两个系统中(刘纪鹏、刘彪等,2020)。众所周知,在特定的历史条件下,国内的党政机关和事业单位逐步兴办了一些企业,并伴随着国家公共事业的发展而逐步地积累起来,进而形成了规模较大的经营性的国有资产(即形成了党政机关事业单位所属的众多的国有企业)。这类企业主要集中在相应的事业单位或一些党政机关所属的事业单位,成为这些党政机关和事业单位职能的延伸、拓展和其履职的重要保障,在盘活闲置的国有资产、安置富余的人员、弥补事业单位的经费不足等方面发挥了积极的作用,有力支撑和推动了国家的公共事业的改革与发展。不过,在社会与国民经济发展过程中,特别是市场经济日趋完善过程中,这些企业已经逐渐地暴露出了政与企不分、资与企不分、事与企不分等方面的弊端,因此,亟须实施集中统一监管方面的改革。

财政部在2018年9月组织全国各个省份、直辖市和自治区的财政系统内的分管厅长、局长,在北京召开了主题为国有资本的投资以及运营公司等两类公司的改革和党政事业的经营性国有资产集中与统一监管改革的部署会议。应该说,财政部事实上既是国发〔2018〕23号等文件与制度的牵头制定单位,也是此类改革任务的落实牵头单位。因此,在国务院的国有企业改革领导小组的统一领导下,财政部成立了推进这两项改革任务的工作领导小组,要求各个省份和地方政府成立由有关负责同志牵头的工作领导小组,明确各个部门的职责与分工,结合本省的省情与实际的情况,抓紧制定本地区改革试点的实施方案,进行必要、周密的安排,大力地推进有关改革,同时要求各个省的财政部门要在省政府的统一领导和组织之下,切实地发挥财政的职能,服务并推动改革精神和相应措施的贯彻和落实①。

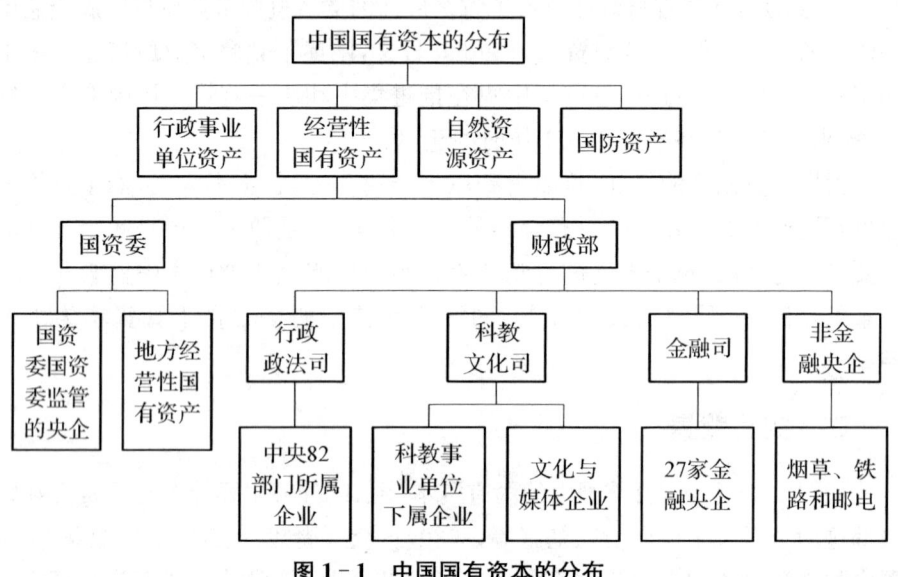

图 1-1 中国国有资本的分布

在两类公司的实践方面。2014 年 7 月,国务院的国资委将中粮集团、国家开发投资公司列为第一批次国有资本的投资公司的试点单位(刘青山,2018);2016 年 2 月,有两家企业入选国务院国资委公布的国资运营企业的试点企业名单,也就是中国诚通和中国国新。2016 年 7 月,国务院国资委又新增了中国保利、五矿集团、中国交通、中国宝钢集团股份有限公司、神华集团有限责任公司、武汉钢铁集团公司②、招商局集团等多家国有资本的投资公司进行了改革的试点(王倩倩,2019)。

在省级层面上,众多省份已开展了国有资本的投资公司和运营公司等两类公司的试点改革工作。例如,2017 年,河北省国有资产的控股运营有限公

---

① 见《财政部有关负责人详解推进国有资本投资、运营公司改革试点》,源自 http://www.gov.cn/zhengce/2018-08/02/content_5311156.htm。

② 武钢和宝钢合并为中国宝武钢铁集团有限公司。

被河北省选定为省级单位所属企业的集中监管和统一监管的承担主体，因此省级单位专门组建了相应机构全过程地参与到试点企业的调研以及工作程序的制定、产权或资产移交方案的相应审核等作业环节，为相应企业进行有效的移交奠定了坚实的基础①。2018年8月，该省在石家庄举办了签约会议，参加对象为纳入第一批次进行统一和集中监管的试点企业，其中包括12家省直单位管理的经营性国有资产的企业。据了解，后续会有更多的省级单位所属企业加入改革并将实施移交②。

2018年3月，按照云南省政府的授权，该省国资委与相关部门进行了企业移交的工作，正式对云南省工程咨询公司等52户企业履行了出资人的职责③。据了解，这是云南省国资委按照接管省级的经营性国有资产集中与统一监管的要求，接收的第三批企业。这表明，云南省的经营性国有资产集中和统一监管工作已经取得可喜的成绩。

2018年12月，山东省所有的各个市均已完成了相关企业的产权移交和工商变更登记，共划转企业800户，资产总额9 709.25亿元④。在山东省国资委的部署和推动下，山东省的各个市均成立了统一监管工作的领导小组、出台了相应的实施方案，并把统一监管工作纳入对各市深化改革的考评内容中。山东省建立了关于统一监管工作的定期调度通报以及进行月报的制度。

2019年1月，安徽省政府也出台了相应工作的实施意见，明确了两类公司的功能的定位、组建的方式、授权的机制、治理的结构等，加快推进了两类公司的试点，推进国有资本监管以及国有资产管理工作，大力助推国资的市场化运作⑤。

---

① 见河北省国有资产控股运营有限公司网站 http://www.hebgk.cn/。
② 见"河北首批12家省直部门试点企业移交，下批273家！"，源自 https://www.sohu.com/a/246429907_100221420。
③ 源自云政发〔2018〕9号《云南省人民政府关于授权省国资委对云南省工程咨询公司等52户企业履行出资人职责的通知》。
④ 见《山东：省市两级经营性国资实现集中统一监管》，源自 http://sd.people.com.cn/n2/2019/0115/c166192-32531171.html。
⑤ 见《安徽省人民政府关于推进国有资本投资、运营公司改革试点的实施意见》（皖政〔2018〕109号），源自 http://xxgk.ah.gov.cn/UserData/DocHtml/731/2019/1/4/805236597288.html。

第二节 研究的意义

一、改革国有资本的管理体制

国有资本"以管资本为主"的监管机制的转型一直是我国国有企业深层次改革的核心,尤其是在国务院出台了一系列的关于推进两类公司改革试点的相关文件之后,各个省级层面上的政府应声而动。本书结合上述的制度和政策的背景以及江苏省的具体省情,分别研究了国有资本运营公司的外部授权、内部授权(治理)以及对所持股的企业的管控模式等三个方面的问题,并讨论提出了相应实践的方案,为进一步推动与深化国有资本管理体制的改革提供了政策上的建议和决策上的支持。

二、理顺国有资本授权经营的链条

本书深入剖析了国有资本的授权经营与授权经营主体的具体特征,并在此基础上,分别对国有资本的运营公司和党政事业所属企业在授权经营体制、方式和内容等方面进行了具体讨论与分析。从而通过以资本为纽带进行相应授权经营,理清相应的政府或部门、国有资本(资产)的监管机构、两类公司及其所持股的公司这四个主体之间的关系,有利于理顺国有资本授权经营的链条,准确处理好监管和授权经营,实施责任清单,堵塞国资的流失漏洞,努力提升运营效能。

三、规范党政事业单位所属企业的集中和统一监管

对国资的运营进行必要的授权上的变革既关乎国资管理机制进行变革的核心环节,同时也是对党政事业单位实施经营性的国有资产统一监管的重要推力。本书通过对国有资本运营公司授权的深入探讨,有助于搭建党政机关和事业单位的经营性国有资产统一监管的平台,并通过该平台建立起统一监管的信息系统和管理系统,明确各相关方的责任,强化各相关方的监督,规范党政机关和事业单位的经营性国有资产集中和统一的监管。

四、优化国有资本的布局和资本配置的效率

本书通过对相关问题的系列探讨与分析,明确了国企改革的目标,发现

了关键性的问题,找准了实施的方向,为包括江苏省国有资本的运营公司在内的党政事业的国有资本运营公司的成立与运营提供了理论依据和实践保障,从机制与制度上有利于国资向重点关注的行业、有竞争力的优势企业以及战略性关键的领域集聚,保证了产业的布局和结构的调整。同时,将更具有活力的市场机制引入到国有资本的运营之中,提升了国有资本的配置和运营效率,为地方的经济发展提供更好的服务(房亚玲,1998)。

第三节 研究目标

通过对国有资本运营公司授权经营的模式进行研究,能够获得国有资本运营公司外部授权的模式、内部授权的模式以及对所持股企业的授权模式的认识,有助于回答符合党政机关与事业单位的经营性国有资产集中统一监管上需要的国有资本的运营公司的授权模式,也能够解决特定省份的党政事业的国有资本运营公司的治理模式的选择问题,从而为党政事业的国有资本运营公司的组建、治理与所持股企业的管控等问题提供相应的政策上的建议,为党政机关和事业单位的经营性国有资产集中统一监管工作的顺利推进提供组织上的保障。

第四节 主要研究内容

一、外部人对运营公司的授权

本书主要研究政府或财政部门、国资委等出资人的代表机构(作为国有资本的运营公司的外部人)进行授权的演变逻辑,包括两权分离的演进、所有者具体化与直面化以及授权主体多元化与动态化等问题;运营公司被授予的权力(权利)如何确定或者授权依据的研究,包括对运营公司的间接授权与直接授权、授权内容、完全授权与部分授权以及监督权与监管形态等问题进行研究;党政机关和事业单位的所属企业的授权经营,包括集中统一监管与两类公司的改革思路,现有授权经营的体制以及对党政事业的国有资本运营公司进行外部授权的问题。

本书基于外部人授权组建国有资本运营公司的视角,分别从制度的规定、现行省级层面的从事资本运营公司功能的定位，以及两类公司与产业集团公司之间的关系的比较等方面，来分析以党政事业单位所属企业为基础组建的运营公司相应的功能如何定位；通过对运营公司不同的组建方式进行比较，对典型公司的组建方式进行分析，来探讨党政事业的国有资本运营公司的组建方式；通过对现有省级层面的专门从事国有资本运营企业的注册资本规模来源等资料进行分析，来推断以党政事业单位所属企业为基础组建或者新建的运营公司的初始注册与分期注资的问题；通过对现行省级的从事国有资本运营公司的经营范围进行分析，来探讨党政事业的国有资本运营公司的经营范围。

二、运营公司的内部授权

本书通过分析国有的资本运营公司部门职能设置的制度依据、现行的省级层面上从事国有资本运营公司的组织架构和调查数据，提出了党政事业的国有资本运营公司职能部门的设置和职责范围的设想；通过国外的国有资本运营公司的治理结构、现行的省级层面上国有资本运营公司的公司治理结构以及规范公司治理结构的制度演变的趋势分析，探讨了党政事业的国有资本运营公司治理结构上的安排问题；通过对制度规定的梳理，分析了党政事业的国有资本运营公司的监督机构与监督机制；通过对资本运营的基本方式、以现有省级国资为基础的专门从事资本运营企业的业务数据进行分析，探讨了以党政事业单位所属企业为基础建立的资本运营企业的经营方式；通过对国有资本运营公司的盈利点、盈利模式的分析，以及对现有的省级国有资本运营公司盈利水平的调查，探讨了党政事业的国有资本运营公司的盈利点和盈利分配的问题；从资本的进退方、进退的标准、进退的程序、进退的产业投向、进退的产权性质等视角，探讨了党政事业的国有资本运营公司的资本有序进退的问题。

三、运营公司对所持股企业的授权

本书以党政机关和事业单位的经营性国有资产的整体情况及其代表性的单位分析以及纳入党政事业的国有资本运营公司作为持股企业的条件为依据，阐述了党政事业的经营性国有资产的现状和问题；分别从企业集团模式、淡马锡模式以及财团模式的视角，探讨了典型的母子公司的管控模式；分别从小总部大产业、部门运营公司的设置、财务性持股为主、持股企业治理上的结构、选人用人的机制以及对所持股企业的考核等方面，探讨了党政事业的国有资本运营公司对所持股企业的管理控制模式的选择问题。

第五节　研究方法与技术路线

一、研究方法

本文在数据的获取方面,运用了企业的实地走访、座谈会、专家咨询会、企业数据普查、事务所核查数据、省级层面上国有的资本运营公司的网站资源收集,以及天眼查、启信宝等专业网站检索等诸多的方法;在数据的分析方面,运用了相应的统计分析的方法。

在国有的资本运营公司的组建以及内部治理等问题上,运用扎根理论的方法思想和案例研究的方法,以浙江省国有资本运营有限公司、上海国盛集团、重庆渝富资产经营管理集团有限公司、山西省国有资本投资运营有限公司、安徽省国有资本运营控股集团有限公司、云南省国有资本运营有限公司、天津国有资本投资运营公司以及内蒙古国有资本运营有限公司等8家省级层面上从事国有资本运营的公司(后文分别简称:浙江运营公司、上海国盛、重庆渝富、山西投运公司、安徽运营公司、云南运营公司、天津投运公司、内蒙古运营公司)的数据来梳理分析,最终得出了国有的资本运营公司在组建和内部治理上的一般规律性的认识。

梳理了外部人对国有资本运营公司的授权、公司内部授权上的制度规定和制度演化的规律,结合数据分析和党政事业的国有资本运营公司面临的情境或者环境因素,研究和探讨了国有资本运营公司作为党政事业的经营性国有资产集中与统一监管的组织基础,以及在外部授权、内部授权和所持股企业的管控上可以选择的模式类型。

二、技术路线

本文采用规范研究和案例研究的方法,在对制度演进和文献研究的动态进行梳理的基础上,分别从外部的授权、内部的授权以及对所持股企业的授权的角度,研究了监管机构对资本运营公司的授权主体、授权内容、授权方式,以及现行的省级国有资本运营公司的实践的典型模式、组建、内部授权以及资本运营公司对所持股企业的管控等问题(见图1-2)。

在进行实地走访、召开座谈会、举行专家咨询会,以及党政机关与事业单位所办企业的数据普查和事务所核查数据的获取方面,得到了江苏省财政厅的大力支持。

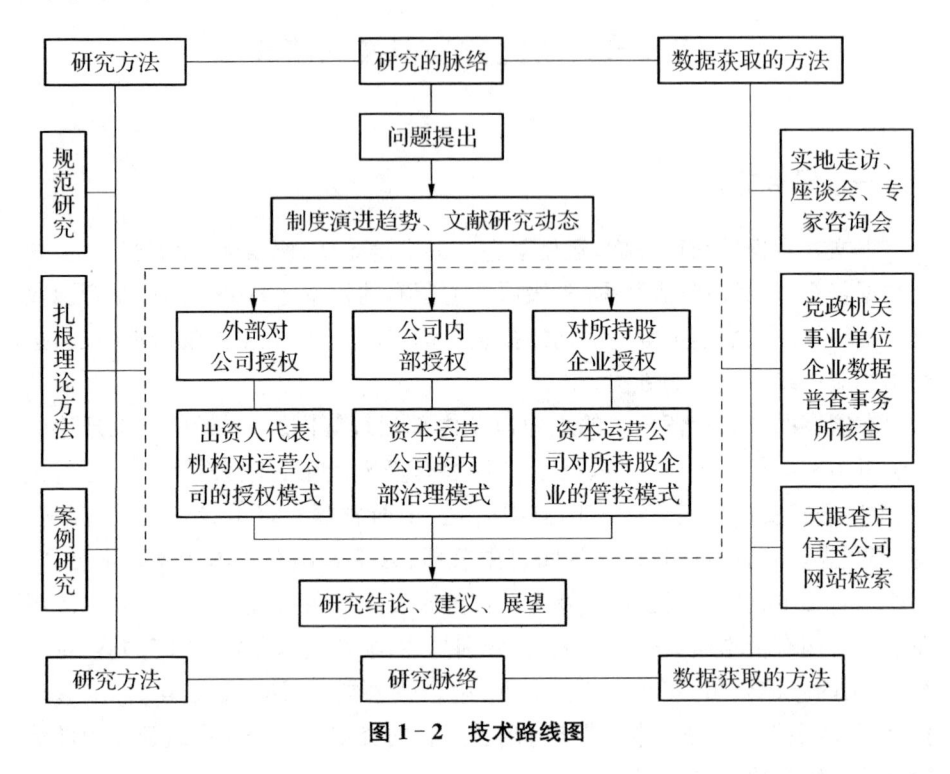

```
┌─────────┐      ┌─────────┐      ┌───────────┐
│ 研究方法 │      │研究的脉络│      │数据获取的方法│
└─────────┘      └────┬────┘      └───────────┘
                      │
                 ┌────┴────┐
┌─────┐          │ 问题提出 │            ┌─────────┐
│规范 │          └────┬────┘            │实地走访、│
│研究 │               │                  │座谈会、专│
└─────┘      ┌────────┴────────┐        │家咨询会 │
             │制度演进趋势、文献│        └─────────┘
┌─────┐      │   研究动态      │
│扎根 │      └────────┬────────┘        ┌─────────┐
│理论 │    ┌──────────┼──────────┐      │党政机关 │
│方法 │    │          │          │      │事业单位 │
└─────┘ ┌──┴──┐   ┌──┴──┐   ┌──┴──┐   │企业数据 │
        │外部对│   │公司内│   │对所持股│   │普查事务 │
        │公司授│   │部授权│   │企业授权│   │所核查  │
        │权   │   │     │   │      │   └─────────┘
┌─────┐ └──┬──┘   └──┬──┘   └──┬──┘
│案例 │ ┌──┴──┐   ┌──┴──┐   ┌──┴──┐   ┌─────────┐
│研究 │ │出资人│   │资本运│   │资本运│   │天眼查启 │
└─────┘ │代表机│   │营公司│   │营公司│   │信宝公司 │
        │构对运│   │的内部│   │对所持│   │网站检索 │
        │营公司│   │治理模│   │股企业│   └─────────┘
        │的授权│   │式   │   │的管控│
        │模式 │   │     │   │模式 │
        └──┬──┘   └──┬──┘   └──┬──┘
           └─────────┼──────────┘
                ┌────┴────┐
                │研究结论、│
                │建议、展望│
                └────┬────┘
┌─────────┐      ┌───┴─────┐      ┌───────────┐
│ 研究方法 │      │ 研究脉络 │      │数据获取的方法│
└─────────┘      └─────────┘      └───────────┘
```

图 1-2 技术路线图

第六节 主要创新

本书鉴于对国有的资本运营公司文献研究的相对不足,有关其授权经营、组建、治理结构以及所持股企业的管控的研究相对落后于实践和制度规范。本书在通过梳理制度规范、总结国有的资本运营公司的实践经验、实地走访调研、组织专家研讨等方式获取了相应资料的基础上,对上述内容进行研究,能够获得关于党政机关与事业单位的经营性国有资产的统一监管要求下的国有资本运营公司的"真知灼见"。

本书研究了国有资本运营公司(国资运营公司或国资运营企业)授权经营模式如何创新的问题,并在此基础上构建了授权经营的理论体系,也就是,国有资本的所有者具体化理论与直面化理论、政(事)与企分离理论、资与企分离理论、政与资分离理论,以及母子公司管控理论(见图1-3)。

图 1-3 授权经营的理论体系

国有资本授权经营的理论体系：所有者直面化理论、所有者具体化理论、政事企分离的理论、资企分离的理论、政资分离的理论、母子公司管控理论

一、符合省情的授权模式的选择依据

基于政与企、事与企分离理论和国有资本所有者具体化理论与直面化理论,本书提出了国有的资本运营公司授权链中授权的主体和接权的主体的定位。本书认为,与一般企业中的委托代理关系存在差异,在直接授权模式与间接授权模式选择上的争议,既关系到是不需要构建政府与企业之间的风险隔离带,也涉及"大国资委""被消失的国资委"与是否能够遵循国资监管属于财政部门的这一国际惯例的话题(寇伟,2005;刘青山,2016;王彤,2006;刘纪鹏、岳凯凯,2015)。

对授权模式进行改革不仅涉及所有者、出资者及其代表或履行出资人职责的机构授权主体上的变化,国有资本监管者的变化,还涉及授权内容的变化,完全授权还是部分授权的问题,以及监管权与监管形态等一系列的问题。这些问题的解决有助于提供直接授权与间接授权的模式选择的依据。

如果是政府而不是政府的某一部门授权国资运营企业对一定授权范围内的国有资本(国资)执行出资人的职责,那么,这种授权模式就是直授模式。这种政府直接授权的模式符合党政机关和事业单位的经营性国有资产的集中和统一监管的要求。国有的资本运营公司既要在服务于国家战略目标的前提下独立自主地依权开展资本运作的活动,也要按照要求在规定的时间内向相应政府汇报年度工作方面的情况,一旦遇到重大的事项则需要及时地汇报。在国家层面上,这一轮在党政事业单位所属企业的集中监管变革与统一监管变革中组建的运营公司是直授模式。立法在先且省情与国情存在差异等多种因素制约了地区层面采用直接授权模式的空间。

考虑到对国有资本(资产)的管理体制进行改革的方向、相应省份的党政机关和事业单位的经营性国有资产的分布等因素,省级党政事业的国有资本运营公司可以采用省级人民政府的直接授权模式,并由省财政厅代表省级政府履行出资人的职责;也可以由省级政府授权财政厅来监管和管理,运用间接方式进行授权。有些省份是将党政事业单位所属企业直接划转给省国资委进行监管,也是采用间接授权的模式①。

二、在国资委系统的基础上改进运营公司的组建模式

基于资与企分离的理论,本书提出与一般企业的区别,资本运营企业是专业化进行资产运作的载体式平台,其被授予资本的运营权;与此相对应,一般国有企业只从事生产与经营的活动,不从事国有资本运营的活动。

本书详细梳理了中央、地方的国资委系统以及财政系统中国有的资本运营公司的试点单位在实践中探索的组建路径,分析了山东模式、重庆模式和上海模式等三种各具特色的实践模式。在此基础上,从现有的省级层面上资本运营公司的功能定位(与其所属的产业集团公司之间的关系进行了对比),归纳了现有的省级资本运营的平台在定位上存在的可能误区。进而提出了适合省情的国有资本运营公司的科学定位,在组建的方式、注册资本的规模、经营的范围等方面对现有的国资委系统中国有的资本运营公司的实践进行了改进。

三、适应党政事业的国有资本监管要求的治理模式

本书依据政与资分离的理论,提出了履行出资人的职责机构应在将履行政府社会的公共管理职能与国有资本的出资人职责进行分离的基础上,根据制度规范的梳理和现行的省级层面比较典型的运营企业组织架构的归纳,提出了以党政事业组织所属企业为基础组建的运营公司职能部门的设置与相应的职责;通过国内外国有资本运营公司的治理结构以及制度演化的趋势分析,提出了党政事业的国有资本运营公司治理结构的设置方案;根据制度的梳理和相关研究,提出了党政事业的国有资本运营公司的监管机制和监管机构的设置;根据相关的调研资料分析,提出了以党政事业组织所属企业为基础组建的运营公司的盈利点和盈利模式;根据现有省级的国有资本运营公司的经营范围、资本运营的基本形式以及资本有序进退的标准、流向,研究了以党政机关与事业组织所属企业为基础组建的运营公司如何选择经营的方式和提升资本流转效能的问题。

---

① 将党政机关与事业单位的经营性国有资产划归国资委监管的省份,如前文提及的河北和云南省。

四、符合统一监管改革要求的所持股企业的管控模式

基于母子公司四维度管理控制理论,提出了国有的资本运营公司对所持股企业的管理控制应在遵循"小总部,大产业"的模式下,实施财务管控为主体战略管控为辅助,采用部门运营公司与金股来优化所持股企业的股权结构,推进人才市场化的选聘与激励。

通过党政机关与事业单位的经营性国有资产的整体情况和代表性单位现状与问题的梳理,本书提出了事业改企业的企业、集中统一监管中脱钩划转的企业和部分保留的企业进入党政事业的国有资本运营公司的条件。在此基础上,结合企业集团模式、淡马锡模式以及财团模式等典型的管控模式分析,得出了党政事业的国有资本运营公司的管控模式。

第二章 制度演进与相关文献综述

第一节 国有资本运营公司的制度演进

一、明确提出组建两类公司

表2-1中的文件一是2013年由中共中央发布的。文件一提出,应该针对如何进行国有资产管理这一体制进行必要的完善,应该从管资本的视角对国资进行监督和管理,而构建运营企业和投资企业(以国资运营为基础)则是对国有资本(国资)授权经营的体制变革的手段(见表2-1、表2-2)。

表2-1 对有关国资投资、运营企业的国家政策的梳理

时 间	编 号	文件名	侧重点	发文主体
2013/11/12	文件一	《关于全面深化改革若干重大问题的决定》	进行混改	中共中央
			管资本为主	
			组建两类公司(国资投资企业与运营企业)	
2015/8/24	文件二	《关于深化国有企业改革的指导意见》	以管理资本为主要手段	中共中央与国务院
			定位于出资人	
			优化资本的配置	
			统一监管	
2015/10/25	文件三	《关于改革和完善国有资产管理体制的若干意见》	改组改建两类公司	国务院
			履行出资人的职责的机构与两类公司的关系	
			两类公司对持股企业的管控	
			政府进行直授模式的试点	

续 表

时 间	编号	文件名	侧重点	发文主体
2017/5/10	文件四	《以管资本为主推进职能转变方案的通知》	国资运营的目标 牵头组建两类公司 国资的分布和集中的领域 精简监管的事项	国务院国资委
2018/4/12	文件五	《关于落实〈政府工作报告〉重点工作部门分工的意见》	两类公司的试点 法人治理的结构的优化	国务院
2018/7/30	文件六	《关于推进国有资本投资、运营公司改革试点的实施意见》	两类公司的顶层设计	国务院
2019/4/19	文件七	《改革国有资本授权经营体制方案》	被授权的条件 被授权的内容	国务院

注：根据有关文件梳理。

表 2-2　对表 2-1 中文件一主要内容的梳理

领　域	内　容
混改	非国资参股国资的投资的项目
完善国有资产的管理的体制	改组和组建两类公司
国资的投资和运营以国家的战略目标为导向	关键的行业、领域与国家的安全
	公共服务与前瞻性、战略性的产业以及生态环境、创新
特殊领域的监管	在自然垄断性的行业中实行政与企分开、政与资分开和特许经营

注：根据有关文件梳理。

二、改组和组建两类公司

中共中央、国务院于 2015 年颁布了表 2-1 中的文件二（见表 2-3），国务院于同一年颁布了表 2-1 中的文件三（见表 2-4）。这两份文件都对改组和组建国有的资本投资和运营公司等两类公司提出了要求。国发〔2018〕23 号文（见表 2-1 中的文件六）是在之前的文件基础上，结合在新时期党和国家对国企的变革要求，针对国资背景的两类公司的改革试点而出台的具体规定。可以说,表2-1中的文件二和文件三以及文件六等三个文件共同构成了涉及完善国资监管的体系和组建国有资本投资或运营公司的"三部曲"。此外,在表2-1的文件四中也突出了改建两类公司的要求(见表2-5)。

表2-3 对表2-1中文件二主要内容的梳理

侧重点	内 容
以管企业为主向以管资本为主的转变	出资人履职重新定位,监督管理机构的职能变革
	变革国资授权经营的体制,设立两类公司
	国资的合理转让和调配优化,对国企进行重组、整合、清理、退出、创新和发展
	建立国资经营预算方面的制度,实施集中监督管理和统一监督管理

注:根据有关文件梳理。

表2-4 对表2-1中文件三主要内容的梳理

侧重点	内 容	
改组和组建两类公司	运营公司	直接划拨国有的股权(现有的商业类国有企业)与国有资本的经营预算进行注入资金
		强调效率和回报;强调国资运作已使资本流动起来,实现保值和增值的目标
	投资公司	强调改组方式
		强调国资的布局结构、产业升级活动、重点与关键行业领域
明确监管机构与两类公司两者的关系	监管机构为出资人	
	监管两类企业适用"一个企业一个政策"的原则	
	两类企业有董事会	
界定持股企业与两类公司的关系	两类公司是所持股企业的股东	
	两类公司对持股企业主要是财务性持股	
	对母、子公司的管控模式以战略目标和财务效益为主,对所持股的企业执行企业战略和资本回报的状况要重点关注	
试点直授	政府直接给两类公司进行授权,让其履行出资人的职责	

注:根据有关文件梳理。

表 2-5 对表 2-1 中文件四主要内容的梳理

侧重点	内　容
定位国资运营	国资布局合理化,保障国家层面战略目标
	国资的运营效能(利润等回报、投入产出比的效率)
两类公司实施资本运作	设立相关的投资基金(如国有企业的结构调整类基金、国有资本的风投类基金、央企的创新发展引导类基金等)
建立和健全国有资本的运作机制	组织国有的资本运作平台来开展资本运营并进行必要的指导和监督
	鼓励国有企业追求长远的收益
	促进国有资本转向重要的行业和关键的产业领域
精简监管事项,增强企业活力	取消一批监管事项
	下放一系列监管事项
	授权相应的监管事项
	移交一部分社会公共管理的事项

注:根据有关文件梳理。

三、监管机构与两类公司之间的关系

在有关国资管理体制变革的文件(见表 2-1 中的文件三)中,规定两类公司的出资人应该履行相应监管职责并针对具体企业可以实施不同的具体监管措施(见表 2-4)。

四、界定两类公司与所持股企业的关系

根据有关国资管理体制变革的文件(见表 2-1 中的文件三),两类公司是所持股企业的股东;国资运营企业作为财务性持股的股东,一般运用财务管控的模式;国资投资企业针对有核心业务的持股企业,可以进行战略和财务管控,这样能够及时掌握所持股企业执行母公司战略的情况以及国资回报的状况(见表 2-4)。

五、深化两类公司的改革试点

表 2-1 中列示的文件三指出,开展试点政府直接授权两类公司来履行出资人职责的工作。表 2-1 中的文件五提出,深化两类公司改革的试点工作(见表 2-6)。

表 2-1 中列示的文件六属于第一次非常系统地对如何组建两类公司以及改革试点中涉及的如何对功能进行定位、如何选择组建方式、如何构建授权的机制等方面进行了细致的说明。

表 2-6　对表 2-1 中文件五主要内容的梳理

侧重点	内　容
两类公司的试点	给予两类公司足够的自主权
国企重组和股份制	法人的治理结构达到制衡有效，市场化的经营机制保持高效灵活，主业的核心竞争力得到提升，做强和做优以及做大国有资本

注：根据有关文件梳理。

六、提出对两类公司授权经营的内容

表 2-1 中列示的文件七指出，监管机构依据被授权企业发展的阶段、所处行业、管理和治理能力的不同而进行不同的授权，授权因轻重缓急的情境不同而不同。向两类公司进行授权或者放权的内容，按照文件七的理解，可以有主业的管理、战略的规划，也可以有选人权与用人权，还包括用股权进行激励、划定工资总额甚至在重大的财务事项上有决定权等，必要时可以增加或减少相应的授权具体内容（见表 2-7）。

十八届三中全会以来，两类公司的试点改革在体制与机制创新方面进行了开创性的尝试，可以看到，最为关键的问题在于以资本为管理对象是纽带，理顺履行出资人职责的机构与国有的资本投资和运营公司的权责关系，结合企业的实际情况来设计相应的改革方案，形成政与企之间有效的隔离带，让国资委、财政部门等出资人的代表机构成为纯粹的监管者。

表 2-7　对表 2-1 中文件七主要内容的梳理

侧重点	内　容
授权的条件	依据国发〔2018〕23 号文相应要求
	符合企业自身发展、管理和治理能力以及所处行业的个性
	符合"一个企业一个政策"，有所侧重、分出先后要求
权变授权	战略、业务重点、人力资源与薪资（含股权激励）和重大财权等
	根据实际情况授权

注：根据有关文件梳理。

第二节 相关文献综述

一、运营公司的组建

通过组建起国有的资本运营公司后,从授权链条上,能够形成三个层次的架构,从而有利于解决好两个层次的架构和三个层次的架构之间的争议。刘纪鹏和黄习文(2014)认为,国有的资本运营公司的组建将为国资管理体制的两个层次的架构(从国有资产的监管机构到国有企业层)和三个层次的架构(从国有资产的监管机构到国有资本运营公司再到国有企业层)的长久之争画上句号,为进一步实现国有资产的统一管理(监管)夯实了基础。

国有的资本运营公司是采用改组的方式还是新建的方式呢?吴骥(2015)指出,改组和新建两类公司是各地深化国资和国企改革的意见的关键环节和重要内容,也是优化国有资本的结构和国有资本的布局以及推进产业转型升级的有效举措。

国内学者讨论了国资运营企业如何构建以及相关的职责等方面的内容。郭春丽(2014)建议在设立国有的资本投资和运营公司时,应当坚持以"改组为主、新建为辅"为基本的原则,应该区分三种建立国有的资本运营公司的方式:一是把现存的中央企业的集团进行分类合并,来组建为不同功能的国有的资本投资公司或国有的资本运营公司;二是在现存的中央企业的集团之上重新组建国有的资本投资公司或者国有的资本运营公司;三是将现存的中央企业集团公司直接转为国有的资本投资公司或者国有的资本运营公司。

二、运营公司的授权

关于国资运营企业如何定位的观点。在制度框架下,国资运营企业已经被人格化,是接受相应授权进行资本运作的企业(肖金成、李军,2016)。从持股企业的角度来看,国资运营企业是出资人,也是国资的改革战略和国有资本的经营预算的实施者,应当肩负着两类公司中国有的资本投资和运营以及所属存量资产的流动和重组的任务(刘纪鹏,2014)。

承担出资人的职责要求专门从事国资运营的企业必须承担管资本的职责,需要负责资本的回报率、资本配置的效率和管股权的职责。袁东明和陶平生(2015)认为,国有的资本运营公司应当以"管资本"的方式来履行出资人的职责。管资本首先要体现为追求资本的回报率，营利性的国有资本投资和运营公司要以商业回报为单一目标，政策导向性的资本运营公司应当兼顾相应的盈利方面的指标；其次是要管资本的配置，提高资源的配置效率，服务于国家战略目标的实现；最后是要管股权，国有的资本投资与运营公司管资本要以所出资金为限度，行使股东的权利和履行股东的义务。

三、运营公司的职能定位

一些学者强调了国有的资本运营公司应专注于国有资本的运营。一些学者分析了国有的资本运营公司与其他国有公司的区别。马浩东（2016）指出，相比于国资投资的公司而言，国资运营的企业非常重视两个功能，即资产如何经营的功能与资本如何运作的功能，主要精力放在资产如何管理与股权如何运营活动上，目的在于改善国有资本的分布与结构和质量与效益，突出市场化改革的措施和管理手段，实现国有资本的保值与增值。何小刚（2017）提出，国有的资本运营公司建立的目的在于改善国有资本的分布结构和质量以及效益，重新塑造既合理又科学的产业发展结构与运营组织架构，提升配置资源的效能，通过资产的重组、股权的管理和运营等形式，全方位地整合相应的资源，推进国有资产在系统内部产业板块的整合与优化，最大限度地提升国有资产的整体性价值。

一些学者强调应进行资与企分离，即生产的经营权和资本的运营权的分离。文宗瑜和宋韶君（2018）建议通过国有体制的改革，将国有资本的运营管理工作从原国有企业中剥离出来。一般的国有企业则专注于企业的生产经营，而国资需要交由专业化的企业，即由两类公司来接管，实现管理国资以及运营国资的专业化。

四、运营公司市场化的经营机制

"政与企分开"或"政与资分开"尚未到位。张迟等（2016）指出，虽然从国家层面到地方层面上，国有的资本运营公司的改组工作正在有条不紊地进行，但是仍存在着与国有的资本运营公司有关的政与资分开和政与企分开仍未到位，国有的资本运营公司的法律地位不明晰、产权性质不明晰等问题。廖宏伟和张楠（2016）认为，到目前为止，我国的国有资产的中介运营机构是政府行政机关改制形成的国有资本运营管理公司，这些机构虽然已经具备了独立运营的法人性质，但是在经营与管理的过程中仍然体现着鲜明的行政管理上的色彩。

一些研究认为,构建以国有资产的监管机构为第一层、国有的资本运营公司为中间层、持股企业为第三层的三个层次的架构有助于资本进行市场化的运作。黄群慧(2015)提出,两类公司的经营管理应当以"管资本"为主;对两类公司的行政监督与管理方面,国资委或者其他履行国有资产监管职能的部门要配合同级的组织部门,履行对两类公司的主要领导人的考核、选拔任用等方面的管理职能。国有的资本运营公司在理论上应只对其下属的第三层次的企业参股,并不控股;其主要依据产权市场或者股票市场从事以股份为基础的买卖,以获得国资的整体分布在结构以及质量上达到最优,实现国有资本的保值与增值目标。

关于国有资本运营公司的具体运营与管理的方式是否偏向于市场化运作的问题,大部分的学者赞成市场化运营的原则。文宗瑜和宋韶君(2016)建议取消专门从事国资运营企业的行政级别,放手让其去市场上竞争,在市场环境下运营;落实国有资本布局结构的优化和提升的政策要求,实现部分甚至全部国有股权退出一些国有企业或国有公司。胡锋和黄速建(2016)提出,两类公司应当建立科学有效的法人治理体系;国资委或其他的国有资本监管机构要通过委派外部董事参与两类公司的经营与管理,同时坚持高管以及企业中层管理干部的选聘选拔要基于市场化方式,薪酬与业绩考评应根据市场进行调节。

第三节 述 评

一、共识之处

通过对已有文献的梳理可以发现,我国部分经营性的国有资产(或者国有资本)游离于现行的国有资产的管理体制之外,存在一定的监管盲区。经营性的国有资产(或者国有资本)的监管仍然存在多头监管的问题,存在职责彼此不清、政出多个部门、监管的效率不高以及监管的方式缺乏灵活性等不足,这表明,统一的出资人制度、集中统一的监管目标尚未实现。

对此,学术界认为,成立两类公司有利于政与企分开,能够促进混合所有制的改革和优化国资的布局结构,有利于完善国有企业的法人治理的结构,并有利于实现国有资产和国有资本的统一监管的目标。

此外,有部分文献研究认为,作为隔离政府和一般国有企业之间的风险墙，两类公司有其独有的功能定位以及股权关系，在运营与治理机制等方面更不同于一般国企。

二、争议之处

已有文献对国有资产和国有资本的监管的争议主要集中在如何进一步深化其统一监管的问题上。一部分文献认为，自 2003 年国资委成立以来，也就是自国家国资委成立以来，国资在保值和增值等方面的工作成绩显著，大国资监管的格局已经初步形成，因此，建议推进经营性国有资产的集中和统一监管需要在坚持一个大国资（委）的基础上，完善相关的配套设施。

另一部分文献认为，由于财政部门在国有资产（国有资本）管理中的独特的地位和独有的优势，进一步实质性地推进行政和事业单位的国有资产、资本的管理改革，必须明确财政部门的统一监管是我国行政和事业单位的国资监管的最好选项[①]。正因为此，事业和行政组织的所属国资管理工作的下一步重点则是如何进一步明确财政部门的管理权限和具体职责，以及如何处理好与其他部门之间的关系。

三、空白之处

已有文献对两类公司的研究尚处于宏观和理论层面，关于政府与两类公司之间的权责的边界、授权的方式，两类公司的功能的定位、组织的架构、治理的结构，以及管控的模式、运行的方式、盈利的分配和资本的进退等微观和操作层面上的问题尚未深入地涉及。随着中办发〔2018〕44 号、国发〔2018〕23 号等文件的发布，全国各地两类公司大多已完成改组、改建或者新建，并开始从试探性地介入踏入实质性操盘的阶段，上述微观和操作层面上的问题就显得不仅具有重要性而且具有紧迫性，亟待进行系统性的理论研究。

---

① 讨论大一统的国资委与被消失的国资委的争议的问题，见刘青山在《国资报告》期刊中《那些已经被消失的地方国资委》一文，源自 http://www.sohu.com/a/111984830_118321。

第三章　国有资本运营公司外部授权的模式

第一节　授权与授权主体的演变逻辑

一、国有企业所有者的具体化与直面化

1. 国有企业的所有者的具体化的理论

在理论研究中,郑海航(2008a,b)认为,国企的所有者这一叫法比较笼统,国企所有者代表能够将这一笼统的概念具体化。一般认为,所谓的国有企业的所有者,是指在法律的意义上,对国有企业的财产具有排他性的最终所有权的产权的主体。国有企业的所有者代表区别于国有企业的所有者,两者不是同一产权的主体。从理论上讲,将国有资产抽象笼统地称为"国家所有"(也就是说,等同于全民所有)时,这种抽象的国有企业所有者的权利与责任,其实在实践中并不能被有效地落实,从而存在着普遍被认可的一个问题,即所有者虚位的问题。

从政策或者文件角度看,可以认为,中共十六大会议的相关表述把所有者的代表和所有者进行了相应的区分。中共十六大在阐述国有资产管理体制时的表述为,强调国资归国有,此处国有中的"国家"既包括中央也包括地方两级政府,两者均承担所有者的相应职责,也拥有所有者的相应权益,均是所有者代表。在实践中,为了让国有企业的所有者代表的职能得到有效地落实,自2003年起,中央政府和地方政府可以分别特设"国资委"这一组织机构来行使国家的所有者代表的职权。

因此,区分国有企业的所有者与所有者的代表是很有必要的,因为国有资产的所有者,无论是国家也好,全民也好,均非常的抽象,而把所有者和所有者的代表进行必要地区分,就能够把抽象化的所有者具体化,这样的具体化有利于产权得到实质性地落实到位(陈伯庚,1998)。

2. 国有企业的所有者的直面化的理论

国有企业的所有者直面化的理论观点在于,认为国有企业的所有者和国有企业的出资人并不相同,其作用在于让遥远的所有者转变成为可以直接面对的出资人(郑海航,2008a,b)。例如,以国资委的系统内受到监管的企业为例子,当大型的国有企业的集团公司成为国有资产管理体制的中间层时,便形成了以母公司为第一层、子公司为第二层、孙公司为第三层的这样的产权链条(见图3-1)(郑海航,2008a)。因此,这个理论能够把出资人和所有者彼此区分开来,在实践上,这有利于"所有者"落实到位。

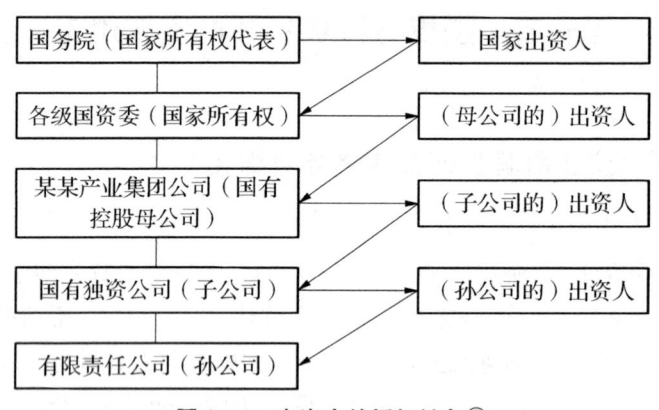

```
国务院(国家所有权代表)      →    国家出资人
         ↓↑
各级国资委(国家所有权)      →    (母公司的)出资人
         ↓↑
某某产业集团公司(国有       →    (子公司的)出资人
控股母公司)
         ↓↑
国有独资公司(子公司)        →    (孙公司的)出资人
         ↓
有限责任公司(孙公司)
```

图3-1　出资人的授权链条①

在事实上,当投资者进行投资和再投资使得投资链(条)得到进一步的延伸时,便会形成母公司为第一层、子公司为第二层、孙公司为第三层这样的企业群,使得以产权为基础的链条得到延长、控股链条得到拓展。在这个时候,出资人和所有者的分离便是个常见的现象。

二、两权分离的演进

根据谢志华(2016)的研究,两权分离经过演进到今天已经形成了五个层次上的分离(见表3-1),分别是在出资人与经营者之间、在出资人与资本运营公司的经营者之间、在出资人与一般企业的经营者之间、在投资公司与接受投资的公司之间以及在总公司与分公司之间的分离。可以看出,资本的经营者(如资本运营公司的经营者)能够基于资本运营的公司获得以法人的财产权为基础

---

① 根据现有的研究进行整理。有文献认为,政府不适合作为终极的所有者的代表(罗华伟、干胜道,2014)。

的投资的经营权;同时,作为法人,资本运营的公司的法人的财产权与其投资公司(子公司或者所持股企业)的经营者拥有的资产的经营权也获得了分离。

表3-1 两权分离的演进

层次	内容	分类类型
一	在出资人与经营者之间:一旦法人的财产权被赋予经营者后,那么经营者就能够履行经营的责任(经营者包括资本和资产两类经营者)	法人财产和企业出资两个权力得到分离
二	在出资人与经营者(指资本运营企业中的经营者)之间:经营者能够获得资本经营权	资本经营和终极出资两个权力得到分离
三	在出资人与经营者(指一般企业中的经营者)之间:经营者即资产经营者拥有生产经营权	资产经营和企业终极出资两个权力得到分离
四	投资与被投资企业的关系:终极所有者授权资本经营者,后者授权资产经营者	资产经营和资本经营两个法人财产权得到分离
五	总分公司的关系:法人财产权(指资产经营权)与部分资产经营权	部分资产经营与整体资产经营两个权力得到分离

注:根据谢志华(2016)整理。

通过出资权、经营权在上述五个层次上的分离,能够形成系列的出资者和系列的经营者(见图3-2)。从权力来源来看,图3-2表明,一方面,经营者被授权经营是成系列的;另一方面,出资者授权同时衍生出监督权力,进而形成出资人监督系列。

终极出资权 ⇨ 资本经营权 ⇨ 资产经营权 ⇨ 部分资产经营权

图3-2 出资权、经营权分离的演进①

在理论上,针对非国有的企业,终极的出资权为最终的实际控制人所拥有,而国有企业的终极出资权为国家或者全民所拥有。因此,根据国有企业的所有者的具体化理论和直面化理论的观点,国有企业根据所有者的代表或者出资人的代表,来分配由出资和经营权分离派生出来的权利是合适的。事实上,根据现代公司治理的理论,资本的运营权、资产的经营权根据治理层设计的思路,为股东会、董事会和经理层分别拥有。

---

① 根据现有研究进行整理。

三、国有企业外部授权主体的多元化

与接权主体为国有企业(两类公司还是非两类公司)相对稳定不变这一事实不同①,在实践中,多元化是国有企业的外部授权主体的主要特征。从横向的视角来看,能够对不同的国有企业进行一定的权利授予并负有监督和管理职责的(政府)机构或(政府)部门并不一样,呈现出多样化的特征。从时间发展的先后且纵向演化的顺序的视角来看,对同一个国有企业的外部授权主体也会不同,从而呈现出不断变化的特征。

(一)国有企业外部授权的主体称谓在制度上的变化

一是提出了国务院、地方人民政府及其相应的国资委作为授权的主体。根据国务院令第378号(2003年),也就是关于企业国资监管暂行性质的条例第四条的规定,国资归国家拥有。国家的代表既有国务院也包括来自地方的人民政府,两者均能够以国家身份来履行出资人的职责,享有相应的所有者权益,采用责权利一致,既管资产也管人与事的国资管理体制。依据此暂行性质的条例第六条的规定,国资的监督与管理职责的机构设立于国家、省、市(设区)的人民政府这一层面。根据相应的授权,国有资产监督与管理的机构依照法律规定履行出资人的职责,并对企业的国有资产进行相应的管理和监督。

二是提出了履行出资人职责的机构为授权的主体。根据2008年中华人民共和国主席令第五号《中华人民共和国企业国有资产法》的第十一条的规定,根据同级人民政府的授权,国家层面和地方政府层面均可以通过特设机构方式(国资委)代表自己对相应的国资企业承担出资人职责。根据相应的需要,国务院和地方人民政府可以授权其他的部门和机构来代表本级人民政府对国家出资的企业履行相应的出资人职责。这类机构(国资委)或部门(财政),也被约定俗成地称为"履行出资人职责机构"。

三是提出了"出资人代表机构"作为授权的主体。这一提法由表2-1中的文件七首次提出。文件认为,履行国有资本出资人的职责的部门及机构(以下称出资人的代表机构)坚持"以管资本"的方式为主,积极地推进职能上的转变,制定并严格地执行监管的权力和责任的清单,应该取消的、下放的、授权的事项一概不留,从而提升了监管的效能,不断改进了国有资产的管理体制。

正如前文所述,目前国内的国有资本主要在国务院、地方政府及其国资委

---

① 本书所讲的两类公司是指国有资本的投资公司、国有资本的运营公司。

或者财政部门以及实行特殊的国资管理体制的机构或部门等四类授权主体所能监管的企业中分布(如图1-1所示)。由此可以看出,国有资本的授权主体主要是国务院、地方相应政府、各级政府的国资委以及财政部或财政部门等[①]。因此,从授权的主体上看,国有的企业的所有者直面化、具体化的理论在管资本为主的监管体制下也可以被称为国有的资本的所有者的直面化的理论、具体化的理论。

(二)基于不同国家之间的国有资产管理体制差异的视角

从国际上不同国家之间差异的比较来看(王彤,2006),针对国有企业而言,无论是东欧国家、现行的社会主义国家、发达的资本主义国家,还是发展中国家,在国有资产(国有资本)的所有权、管理部门的设置上均体现出多元化的特征。比如,俄罗斯、越南实行分级管理与分级所有的体制;朝鲜、波兰实行集中统一的管理体制(见表3-2);美、日、法和英等发达国家实行以财政部门为主的分工管理体制(见表3-3);发展中的国家在国有企业和国有资产的管理上,大多数也是实行专业的管理部门加上主管部门的"双重管理"的方式(见表3-4)。

表3-2 东欧的国家和现行的社会主义国家的国有资产的管理体制

国 别	管理体制的类型	管理部门	主要的职责
俄罗斯	在中央政府、州政府、市政府之间存在分级所有与分级进行管理的链条关系	归口财产关系部和财产基金会管理;这两个部门均对中央政府层面上的国有资产负责和承担管理责任	设立企业、分立企业或合并企业以及股份购买与出售和选聘企业的负责人等事项由财产关系部来负责审批
			出售国有资产及所得收入的管理等事项由财产基金会来负责
越南	在中央和地方政府之间存在分级所有与分级进行管理的链条关系	涉及:① 部委、省人民委员会的所有者的权利由中央政府授予;② 财政部作为国有资产管理的主要部门	成立相应的国有企业、进行人事的安排、制定目标和发展的战略等权力由部委及省人民委员会享有
			国有企业的资本和资产的管理由财政部门来负责

[①] 王新红(2015)认为,各级的国资委既是出资人的代表和监管者,也是规则的制定者,同时,其还履行上述职责的"顶层的设计"者,这必然导致身份上错位甚至职责之间的相互冲突,从而带来极为容易造成的难以克服的道德上的风险以及专门的监督机构和监督的制度上安排的缺失问题等。

续 表

国别	管理体制的类型	管理部门	主要的职责
波兰	在所有权与管理权上集中统一（指相应的权力归属于中央政府）	涉及的部门是国库部，其被授权负责对国有资产进行监管	国库部既持有国有企业的股权，也通过设立国家投资型的基金和在关键的经济部门中组建大型的企业集团来管理国有的企业
朝鲜	在所有权与管理权上集中统一（指相应的权力归属于中央政府）	涉及的部门包括：① 中央政府：享有对国有企业的所有权利和收益权利；② 企业管理局以及地方的行政部门：共同地管理国有的资产	骨干性的产业和企业由企业管理局直接管理 地方以轻工产业为主的国有资产的管理由地方行政部门负责

注：根据王彤（2006）、王宝库（2003）的研究进行整理。

表3-3　发达资本主义国家的国有资产的管理体制

国别	体制的类型	管理部门	主要的职责
法国	法国实行以财政部为牵头部门，财政部与法国政府各主管部门协同国会进行分工管理的体制	① 国会；② 财政部；③ 各行业的主管部门；④ 国家审计局	国有企业的行政和业务的管理由对口的主管部门来负责 投资的决策由财政部来负责 国有企业的产权与财务上的监督，主要由法国的财政部和国家层面上的审计局来负责 由法国的国会对国有的企业发挥监督方面的作用
日本	日本实行以大藏省为国资监管的专职机关，大藏省与日本各政府部门对国资类企业进行共同管理的高度集权的体制	① 国会；② 大藏省；③ 各政府部门；④ 咨询机关和检察机关	由国会通过立法形式进行管理和控制相应的国有企业 政府的行政机关接受国会的委托来直接经营相应的国有企业 政府的各个主管部门和大藏省是国有资产管理的执行机关
英国	英国政府实行的是通过国有企业局来管理和运作国有企业股权的体制①	① 国会；② 国有企业局；③ 各主管部门；④ 财政部	由国会通过立法形式来进行国有企业的管理和控制 工业部是政府对国有企业局进行产权管理的中介 国有企业局对其出资的企业行使出资者的所有权，是通过选派产权代表和股东大会表决等方式进行的

---

① 国有企业局是国有的控股公司性质的非政府机构。

续　表

国　别	体制的类型	管理部门	主要的职责
美国	美国实行的是以财政部为牵头单位的管理体制	① 国会； ② 财政部； ③ 各主管部门	由国会通过立法来管理和控制国有的企业
			财政部从整体上对国有企业的资产和财务上的事项进行管理

注：根据王彤(2006)、王宝库(2003)、戴军与张广玲(2015)等文献整理。

表3-4　发展中国家国有资产的管理体制

国　别	体制的类型	管理部门	主要的职责
新加坡	控股公司的人事任免由以财政部长为主席的董事会负责，国资管理的执行机构是控股公司	① 国会； ② 董事会； ③ 税务局； ④ 审计署； ⑤ 反贪局； ⑥ 政府的控股公司	国会通过立法的手段来管理和控制相应的国有企业
			董事会负责任命控股公司的董事长
			审计署以及税务局等机构负责监督国有企业的财务
			反贪局对公务员以及国有企业的管理人员进行相应的监督
			控股公司通过管理自己下属的企业来管理相应的国有资产
印度	采用典型的集权式的管理，实行以公营的企业局(作为综合的协调机构)为中心的多部门参与管理的体制	① 国会； ② 财政部(公营企业局)； ③ 各主管部门； ④ 审计委员会	国有企业面临的重大问题由国会每年进行评议
			国会每年围绕一个或一批国有企业的预算和议案等问题举行辩论
			国会通过三个委员会来实施具体的管理和监督①
			政府部门对企业实行直接的人事管理、工资管理和外汇使用管理，实施有力的经济计划和许可证的制度
			财政部门对企业的财务预算进行必要的监督

---

① 包括公共会计委员会和预算委员会以及国有企业委员会等三个部门。

续 表

国 别	体制的类型	管理部门	主要的职责
马来西亚	相应的部门从不同方面对国有企业实行管理,其中以各个主管部门的管理为主①	① 各主管部门; ② 经济计划委员会; ③ 企业发展部; ④ 财政部; ⑤ 中央银行	各主管部门制订本部门的国有企业的发展计划,任命国有企业的领导人,对国有企业进行相应的审核与评价,控制国有企业的预算和资金的流动等
			经济计划委负责制订经济发展计划及各个行业发展的重点
			企业发展部负责制定国有企业发展的方针与政策,扶持有发展潜力的大企业的发展
			财政部门制定国有企业的财务政策和进行收支方面的管理
			中央银行监督国有企业信贷方面的政策执行的情况
巴西	实行专职的管理机构(国有企业控制署)和业务部门参与管理相结合的体制	① 国家计划部(国有企业控制署); ② 各主管部门; ③ 财政部; ④ 中央银行	国有企业控制署的职责是,调拨国有企业的资金,审批企业的预算,控制企业的财务收支等
			各主管部门负责和领导企业的业务
			财政部负责企业的财政政策的执行
			中央银行负责企业信贷方面政策的执行

注:根据王彤(2006)、王宝库(2003)整理。

(三) 从历史演变的视角看监管体制

1. 无明确的出资人监管的阶段

从授权的主体对被授权企业监管的角度来看,我国国有资产的监管体制开始于宏观经管体制处于高度集中且直接管理和控制时期,其后经过多次演变和变革,逐步适应了国企改革的实践中具体问题解决的需要。例如,在1979—1984年这几年,实施了让利和放权的相应措施;在1984—1987年这几年,则开展了承包制相应变革,这轮承包制是所有权与经营权分离的一种有益探索,也是对政与企分开的一种尝试;在1988—1997年这几年,国家初建了国资的监管体制;而在1998—2002年这几年,则进行了分散实施国资监管权的变革。

---

① 包括中央银行、财政部、企业发展部、经济计划委员会以及政府的各个主管部门。

从国资的监管体制演变来看,应该承认,一是在 2003 年之前,针对国企的出资人是谁这一问题,并没有具体的规定或文件来明确,也就是谁有国资监管权力没有现成答案。二是仅关注国企经营具体事项的监管(监督与管理),对国企的监管体制并没有真正地建立起来。三是监管以行政的手段为主,横跨行政部门的共同管理模式则强调资产实物化方面的管理,在监管的效果上则表现为政与企合一的形式,从而存在政与企不分的问题。在这个阶段,国有企业的产权是相对单一的,存在流转困难等问题。

2. 管资产、管人和管事的阶段

作为一种新的国资监管体制,"管人管事管资产"是在党的十六大相应的文件中被明确提出来的,其强调国家和地方层面均应有执行出资人职责的机构,作为所有者代表,要求责、权、利相统一,且人、事、物全方面监督管理。

从特设的机构和文件来看,有两个关键点,即国资委成立(2003 年 3 月)和企业国资监管条例(2003 年 5 月)。前者明确了组织,后者则是明确了前者专职履行出资人身份而不承担社会公共管理职能。

3. 管资本为主的阶段

管资本在本质上并不同于管资产、管人和管事的监管体制。后者与国有资产相关,前者则与国有资本相联系。管资产、管人、管事体制实质上是管企业,更多的是深入业务层面去管理企业,并且是侧重于行政手段而不是经济手段,往往主要依赖于行政指令。

管资本意思是管理相应的国资(国有资本),实质上是在管理股权。如何管理股权呢?显然得靠经济手段,进行必要的资本运营活动,因而,从股东身份定位出发进行资本运营以及相应的投资监管自然是这种体制下的出资人职责。伴随着以管资本为主的监管体制的建立,国有资本的概念得到了使用,两类公司也被付诸实施。

(四) 基于履行出资人职责的机构职能转变的视角

如何实现管资本职能的转变呢?根据 2017 年职能转变的相关文件(见表 2-1 中的文件四),其表明现实中承担监管职责(出资人的职责机构)挤占了国企过多的权力,出现了错位、越位、过多、过细等监管问题。为此,需要明确以下几方面:

一是作为法人。企业的财产权和经营自主权的边界,也就是其与国资监管机构权力清单、权力边界的划分需要非常明确。国资监管机构下放的事项要放到位,是放到国企董事会还是管理层要明确。

二是两类企业(公司)的董事会权力边界要明确。董事会被授予的权力清单明确了,才能明确责任清单,两类公司特别是资本运营企业的试点改革才能有成效,管资本为主相应的监管体制才能正常发挥作用。

第二节 授权形式与授权内容的确定依据

一、授权经营体制的确定依据

(一) 授权经营体制的演变

1. 组织结构上的演变

在理论上,国有资产(国有资本)的授权经营体制、监管体制在本质上是均属于国有资产(国有资本)的管理体制。从组织视角上来看,前者讨论授权与接权的主体关系,后者讨论监管者与被监管者之间的关系。

如表 3-5 所示,从文件表述或者组织机构设置的角度来看,作为国有资产(国有资本)的监督者或授权者的组织,按照时间上的先后顺序主要有:国有资产管理局(1988 年)、各级政府(1993 年)、财政部(1998 年)、国有资产监督管理委员会(2003 年)、履行出资人职责机构(2008 年),以及出资人代表机构(2019 年)等(在制度上称谓的变化)。

2. 不同监管者在权、责、利分布上的变化

国有资产或者国有资本授权体制的演变是伴随着"政府、企业或事业、企业职能分开""政府公共管理职能与出资人职能分开""资本运营职能与生产经营职能分开"进行的。以党的十一届三中全会为起始点,我国的国资授权经营体制已经经过多次变革,从起初的国营企业时期以"政与企合一"为特征的授权经营体制,变革成为以国有资本为基础的"监与管分离"(国有资本监督、国有资本投资和运营的管理)的国有资本授权经营的模式。

表 3-5 对国有资产(国有资本)进行管理的组织与职能的变化时间表

时 间	主要的事件
1988/10	"国有资产管理局"在国家层面上被组建起来
1993/2	由"国营企业"改为"国有企业",表明生产的经营权与所有权分开的要求得到了逐步地确认(见《关于修改宪法部分内容的建议》)
1993/11	国资属于国家;国资分级监管;国企自主经营;政府与企业之间相应职能分开(见中共十四届三中全会文件)

续表

时间	主要的事件
1997/9	构建国资监管和运营机制并保持有效运行;维护国资保值和增值的能力;防止国有资产的流失(见中共十五大报告)
1998/3	国有资产管理局被并入财政部
1999/9	责任制度构建;国资监管运营机制和体制构建原则包括:国资国有、管理分级、经营得到授权、分工监管(见中共十五届四中全会文件)
1999/12	中央企业工委由党中央批准成立(其职责包括:① 重点骨干国企党建;② 党风;③ 廉政;④ 班子与监事会管理)
2000/2	部分大型国企监事会由国务院委派(见《国有企业监事会暂行条例》)
2002/11	管人、管事、管资产体制构建(见中共十六大报告)
2003/4	国家层面的国资委成立(这从组织上做出保证,第一次从国家层面明确了公共管理相应职能与国资出资人职责是可以分离的)
2003/6	提出了管人与管事和管资产(《企业国有资产监督管理暂行条例》出台)
2008/10	提出了履行出资人职责的机构的概念(见《中华人民共和国企业国有资产法》)
2019/4	提出了出资人的代表机构的概念(见表2-1中的文件七)

注:根据有关文件进行整理。

从职能变化来看,我国国资授权经营历史变革可以划分为四个阶段,分别是2008年至今这些年监督与管理分离的国有股权的阶段、2003—2007年这几年政(政府的公共管理职能)与资(出资人的职能)分开的国有资产的阶段、1993—2002年这几年政府(职能)与企业(职能)分开的国有企业的阶段以及1978—1992年这几年政府(职能)与企业(职能)合一的国营企业的阶段。当然,这些变化是伴随着社会实践和管理情境变化而变化的,以国资委系统内的央企为例,如图3-3所示(蒋凯等,2019)。

从图3-3中可以看出,国有资产(或者国有资本)授权经营的体制也可以分成"管人和管事与管资产"和"以管资本为主"两个阶段(需要说明的是,在这两个阶段之前的直接管理企业的阶段中,几乎不存在授权经营的问题)。由于"管人和管事与管资产"阶段还是各层级的监管机构以出资人身份履职,直接参与国企的人、财、物、事的管理,行政手段管理国资的特征很明显。在这个阶段,"政与企(事与企)不分"与"政与资不分"的现象还很明显的存在,这在一定程度上会负面影响国有企业的可持续性发展。

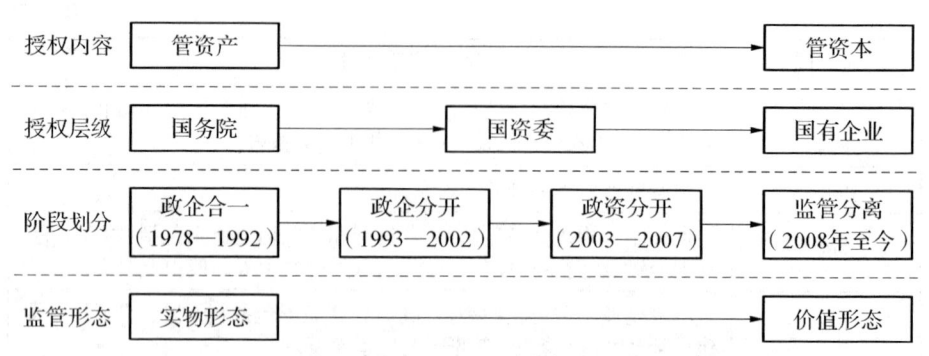

授权内容	管资产 → 管资本
授权层级	国务院 → 国资委 → 国有企业
阶段划分	政企合一(1978—1992) → 政企分开(1993—2002) → 政资分开(2003—2007) → 监管分离(2008年至今)
监管形态	实物形态 → 价值形态

图 3-3　归属国资委管理的央企的授权经营体制的演变①

"管资本为主"的授权经营体制的阶段。在这个阶段，作为出资人职责的履行者，监管机构是两类公司的出资人，而两类公司是其持股企业的出资人，显然，监管机构不能直接监管两类公司的持股企业，避免了"行政直接干预"弊端；两类公司通过市场化方式来运营持股企业。在这样的监管体制下，监管机构是两类公司的直接股东，而两类公司是其持股企业的直接股东。因此，这种构架能够从理论上实现政府与企业职能分开、政府的公共管理职能与出资人的职责彼此分开（针对监管机构而言），也能够实现资本运营与一般经营业务分开（针对两类公司与持股企业而言）；既能够让两类公司充当风险隔离墙，也能够为实现进一步做强、做优以及做大国资（国有资本）这一目标提供坚实的体制基础。

事实上，"管人和管事与管资产"的国资监管模式俗称"管企业"的模式，一般被认为既存在监管权配置的诸多不合理之处，也存在经营权授权的不充分问题。因此，回归股东或者出资人地位并进一步让渡部分权力给两类公司的董事会是国资监管变革的方向，也是通过国资运营和配置实现宏观政策目标（含财政、货币、产业以及区域等方面）的必然要求。

因此，梳理国资授权经营体制和机制变革的脉络可以发现，变革的逻辑主线是监管机构作为出资人或者股东的地位的回归、两类公司的国资运营和投资的专业化和专门化、一般国企的市场地位的回归。当然，在这多重回归过程中，所涉及的主体的责、权、利的变化是权变的，也就是说是有条件的收放权。监管机构在履行出资人职责的过程中会权变地放或收部分出资人的职责（包括所有权＋所有权派生出来的资产与资本的经营权），不过均是依法授权给两

---

① 根据蒋凯等(2019)的研究进行整理。

类公司或收回相应的权力。自然地,两类企业应该是依规通过治理结构来行使资本的四权(配置+回报+运作+安全),并承受相应的经营风险。

(二)构建三个层次的国有资产(国有资本)的运营体系

迄今为止,国有资产(国有资本)运营体系的演变中主要有三种类型,分别是企业集团架构、国资投资经营公司授权经营的架构,以及国有资本运营公司授权经营的架构。

1. 企业集团授权经营的架构

相关部委局[①]于1992年9月发布关于企业集团中国有资产授权经营的通知,在此基础上,1993年12月,纺织、仪电和电气行业被国资局选择作为改革的试点,并分别成立了相关的企业[②]。在这个阶段,形成了以国资局为第一层、集团公司为第二层、子公司为第三层的三个层次的授权经营架构。

到了1994年,国务院决定将中石化等三个全国性的行业类总公司作为国家层面控股公司的试点。延续这一改革的思路,到了1998年及以后,中央政府先后批准了一些重要的领域,包括石油石化、军工在内的44家集团企业试点了集团对子公司的授权经营方面的工作。包括沪、广、深等地依据机构变革的实践也试点了授权经营方面的工作。

2. 以国有资产投资经营公司为中间层的授权经营架构

这个架构在国资委成立之后相对流行。也就是,国资投资经营公司为中间层,上层为国资委,下层为一般国企。因此,在这种授权架构下,国资委作为出资人,国资投资经营公司受托进行国资产权运作,一般国企作为国资投资经营公司的持股企业进行自主经营。这个授权经营架构能够实现多个分离,缓解所谓的国资出资人不在位问题(罗清和、温思美,1999;何金,2000)。

多个分离包括:第一个"分离"是国资出资人的职能和政府(部门)公共管理者的职能的分开,也意味着国资所有权行使和公共权力行使两者不相容,或者说两种职能不能集中于同一政府的部门。这个分离从构建组织的方式达到政资分开,从而有利于各方定位和目标达成。

第二个"分离"强调国资委掌握国企所有权,经营权则掌握在国有资产投资经营企业手中。

第三个"分离"是资本的运营权与生产的经营权之间要分离,也就是国有

---

① 包括国资局、国家计委、国家体改委以及国务院经贸办等单位。
② 上海市纺织国有资产经营管理公司、上海仪电国有资产经营管理总公司及上海电气(集团)总公司。

资产的营运主体负责资本的运营,其出资或者投资的企业或者持股的企业则从事生产经营。

应该注意的是,国有资产经营公司在经营范围的划分上,既包括投资与资产的管理活动,也包括产品的销售、产品的收购甚至是企业的信用担保服务等非资本运营的活动(吴晓晖,2008)。因此,以国资委为上层、国资投资经营企业为中层而一般国企为下层的多层次管理体制在严格意义上并没有实现"资与企分离"。

此外,国资投资经营公司的定位一般是某一个主办单位或某一系统所属,作为出资人,其持有对应的主办单位或某一单位系统内的全资、控股或参股的企业。

3. 两类公司授权经营的架构

以"管资本"的方式为主进行国有资本授权经营的体制是十八届三中全会确立的基本框架。其中有三个层次(见图3-4)。

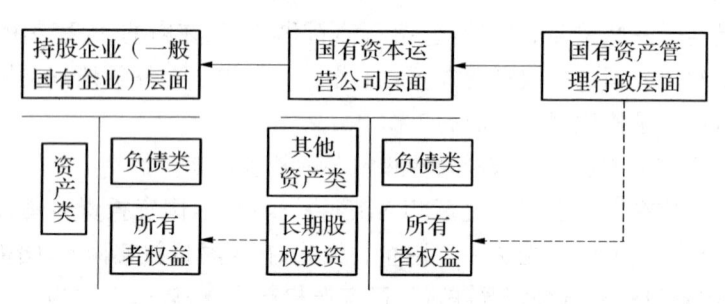

图3-4 国有资本运营公司的监管架构

第一个层次就是国有资产管理的行政的层次,基本的思路就是"小的行政管理的机构,大的资本运营的市场"。不搭建很大的资产管理的机构,这是从既管人又管事也管资产向以"管资本"为主的体制转变的必然的结果。国有资产的管理主要是管资本,要做强和做优与做大相应的国有资本。

第二个层次是成立两类公司。按照发展专业化的国有资本运营的思路,未来国有资本的运营不再由一般的国有企业来做,而是要进行专业化的运营,进行必要的资与企分离(文宗瑜、宋韶君,2018)。两类公司从事专业化的国有资本的运营。一般的国有企业要回归到产品的开发、产业的发展、科技的创新等主业上来。一般的国有企业应重点关注实体经济的发展,即脱离虚拟的经济转向实体的经济,来振兴发展相应的实体经济。基于"资与企分离"的思路,让更多的国有企业回归到产品的开发、产业的发展、科技的创新上来(见图3-5)。

```
授权机构        监督机构        运营机构        经营机构
中央政府   →   国务院国资委   →   国家级运营公司   →   中央企业
地方政府   →   地方国资委     →   地方运营公司     →   地方企业
所有权代表      监督权          资本运营权        资产经营权
```

图 3-5　国资委系统内的间接授权的模式①

第三个层次就是一般的国有企业生产经营的层次。这个层次的企业主要有三个大类：一是国有的独资公司和国有的企业；二是国有的控股公司；三是国有的参股公司。因为要推进混合所有制的改革，所以绝大多数的国有企业都要通过混合所有制的改革和改制来成为国有资本的控股公司和国有资本的参股公司（文宗瑜，2014）。从这个层面上来看，这些企业一是要加快进行混合所有制的改革；二是要回归到实体的经济上来，回归到产品的开发、产业的发展、科技的创新上来（马忠、张冰石等，2017；何诚颖，1998）。

（三）资企分离与剥离国有企业的资本运营的职能

两类公司组建的一个重要的改革目标在于实现国有资本的专业化运营。从这个角度来看，国有企业既进行产业上的经营，又进行资本上的运营是一种混乱的状态。例如，事实表明，2003—2013 年之间，国有企业既可以进行产业经营，又可以进行资本运营，结果是导致所有的大型国有企业都在忙着进行资本的运营活动，传染效应导致了很多的国有企业逐步脱离了产品的开发、产业的发展、科技的创新这些主业。

所谓的"资与企分离"，就是国有资本的运营要实现专业化的运营，由两类公司即专营资本运营或投资的国企而不是一般的国企来做。一般的国有企业主要做产品的经营、产业的发展、科技的创新这些活动。

从改革进程中的争议来看，从 1988 年到 2003 年，甚至到 2013 年，争议最大的就是到底给谁授予国有资本运营权？有几个选项，一是国资委；二是大型国企的总部；三是两类公司，也就是专营资本运营或投资的国企。这最终在十八届三中全会上得到了明确，国有资本的运营权授给两类公司。因此，资本运营授权改革的核心问题就是资本的运营权授给谁。

因此，两类公司的设立，不单纯是一个国有资产的管理体制的改革，一个很重要的成效就是让国有企业回归到了本位，推进了资与企的分离。通过资

---

① 根据蒋凯等（2019）的研究进行整理。

与企分离的改革,让国有企业回归到产品的开发、产业的发展及科技的创新这些主业上来。

国有企业要对实体经济的发展、竞争力的提升发挥出重要的作用。如果国有企业都忙着资本的运营、忙着做大规模,所带来的最大的问题就是实体经济的竞争力下降。因此,两类公司的设立,一个很重要的操作层面上的问题就是剥离一般国有企业的国有资本运营的职能。一般的国有企业包含央企,长期进行混业经营,即既从事产业的经营,也从事资本的运营。需要明确的是,必须让国有企业回归本源,即回到产品的开发、产业的发展、科技的创新上,要围绕实体经济的需要去发展企业。

从这个角度来看,国有资本运营授权的改革是推进并实现国有资本做强、做优、做大等三重目标。

二、间接授权与直接授权的模式的选择

(一)授权模式的类型

根据国发〔2018〕23号文,国有资本运营公司的授权模式分为间接授权与直接授权两种。

1. 间接授权

在这种模式下,授权链条是政府授权给国资监管机构,国资监管机构授权给两类公司,两类公司授权给持股企业。国资监管机构是两类企业的出资人,而两类企业是持股企业的股东。国资监管机构依据两类企业管理情境,也就是企业具体的定位和实际管理状况等个性授权以体现一企一策。在这种模式下,制定授权清单、监管清单和责任清单是关键。

2. 直接授权

在这种模式下,授权链条是政府授权给两类企业,两类公司授权给持股企业,其中,两类公司是出资人。两类公司直接向相应政府报告,接受政府监管。[①]。

(1)美国的直接授权模式

在世界上,美国是采用直接管理的模式来减少企业委托与代理的关系。这种实践的模式类似于我国在实践中探索的对充分竞争型的商业类国有企业的政府直接授权经营的做法。

---

① 国发〔2018〕23号文。

在这种模式下,存在两个系统各自运行,即受联邦议会任命的国企董事会对总统负责,而受州议会任命的国企董事会直接对州长负责。因此,这两个系统内国企各有一套授权组织体系,压缩了通过行政手段进行寻租和干预的空间。

美国强调立法管理国企。在议会为主管理体制下,每一国企成立,议会能够通过一个单独的法律文件或制度约束该企业的管理行为和治理结构,这样便形成了"一个企业一个政策"的管理局面(徐传谌、翟绪权,2016)。

(2) 新加坡的淡马锡模式

淡马锡是新加坡三大受其总统指令约束的国企之一,这一规定也是该国宪法和宪法第五号明确规定的。不仅淡马锡职能是由宪法规定,而且其经营方针的相关要求也很严格,也就是着眼于该国的长远发展并造福其子孙后代,兼顾眼前和长远发展的需要,以实现这些资产(指淡马锡所控制的资产或者资本)从事相应的保值与增值的活动(戴军、张广玲,2015),而不是仅对政府负责。

对董事会和总裁等高级领导层,淡马锡有其独到的任免程序,一是董事会提名委员会向该国财政部进行推荐;二是后者向总统顾问委员会提名;三是总统批准。虽然会经历这样严格而复杂的任免程序,但是有关董事会和总裁在企业自主经营上的决策权是完全能够得到保证的。实务界和理论界达成共识的观点是,有关淡马锡的自主经营权与所谓的政府不当干预的指责几乎毫不相干。

淡马锡的董事会是个高效率的董事会。一是得益于其人员结构,能够做到彼此制衡。内外结构保持外大于内,外部董事多而内部董事少,后者由该国财政部官员或政府委任且不取薪酬[①]。显然,这种董事会成员的产生和薪酬设计方面的制度既能够让淡马锡受到政府的直接管控,从而有利于实现相应的战略意图,又能够使得政府并不能够全面地插手该企业内部的经营与管理,这样能够保证真正做到国家的所有权与企业的自主经营权彼此之间的分离(王灏,2011)。

因此,直接授权的模式中没有监管机构作为中间组织的环节,由授权机构直接授予运营机构来履行出资人的职责。

(二) 选择直接授权的模式的理由

在中国国企改革的进程中,直接授权的模式首次是在国发〔2018〕23号文

---

① 根据淡马锡官网。

中被提出来的。也就是说，这个文件表明，以国家层面行政事业单位所属企业为基础组建两类公司（含运营公司）的，受国务院直接授权且由财政部负责监管。由财政部门代表政府来授权并监管国有资本的这一安排的形式符合"国际的惯例"，如新加坡的淡马锡公司。

根据对专家的调研，文宗瑜教授认为，地方政府选择国有资本运营的授权方式要考虑以下因素：

① 符合政府的机构改革及国资管理的机构改革的大方向。考虑改革大的趋势，国资委可能不是长期设立的机构。国资监管未来更多的是要管好国有的资本，而不再是管人和管事以及管企业。

② 政府预算的编制需要建立在统一的信息系统的基础上。政府的四本预算中很重要的是国有资本的经营预算，从中长期来看，还要实行国有资本的价值预算。预算管理中必须建立统一的国有资产、国有资本的信息系统，这些事项肯定要放在财政系统中更合适。

③ 国有资产管理报告的编制及信息系统的归口是财政部门。

④ 通过国有资产的出售与国有股权减持的方式能够弥补社保基金的缺口与财政支出的缺口。据模型的预测，中国的国民经济在整体上呈现中长期下行，并且会持续到2025年。就未来的财政支出的预算缺口和社保基金的缺口来看，必须着眼于长远，着眼于十四五、十五五的政府预算，三本预算要统一进行协调和平衡。在这种情况下，还是主张政府进行直接地授权。

⑤ 从国有资本布局战略的高度上进行考虑，国有资本运营的公司如果对于相应的政府而言地位不可或缺时，也会采用直接的授权模式。

⑥ 从政策制定的角度来看，直接授权的模式选用在政府的文件或规章层面上，也能够充分地体现出"一个企业一个政策"的要求。

（三）选择间接授权的模式的依据

间接授权的模式也可以称为国有资产的监管机构的授权模式。学者文宗瑜认为，采用国有资产监管机构的授权模式是针对国资委下属的企业转型为国有的资本投资公司或者是国有的资本运营公司后的授权模式，这一做法不适用于国资委系统外的两类公司。也就是说，这一授权的模式局限于国资委系统内的96家央企（截至2019年的数据）中进行改革的试点。这些企业要成立国有的资本投资公司和运营公司时，国资委代表国务院进行授权，这属于采用间接授权的模式。一般认为，间接的授权模式能够形成政企之间有效的隔离带。也就是说，这种模式适合于政府要承担多重的社会事务管理的职能，要做"合格"的股东,的确需要进行"政与资的分离"。

在给定的"权力的集合"一定且在非完全授权的条件下,经过"政府到国有资产的监管机构到两类公司到一般的国有企业"形成的授权的链条中,国有的资本运营公司或者国有的资本投资公司所得到的授权的内容一般会低于直接授权的模式。

三、对授权内容的划分

履行出资人职责的机构对国有资本的运营公司授什么权?这些权力的具体内容是什么?

1. 基于授权中组织关系的视角看接权与授权主体的权力内容

从各级政府、监控机构的角度来看,对两类公司中运营公司授权的内容是国有资本的运营权,而不是国有资产的经营权或者企业的生产经营权。

一是作为萌芽或者探索,国有资产的"授权经营"概念的出现可以追溯到东汽集团在企业集团的发展实践中,于1989年向刚成立的国家国有资产管理局提出的(见表3-6)。当时这个申请的本质在于讨论集团公司对其子公司的授权问题。

表3-6 对国有资产(资本)授权内容的制度规定的历史沿革

时间	背景	授权内容	组织关系
1989年	东汽集团于1989年向国资局提出	授权经营的概念正式地被提出	国资局到集团到子公司
		提出了我国的国有资产管理体制改革的重大理论和实践的课题	
1992年	国资局、计委和体改委以及经贸办一起颁发有关集团内部授权试点的通知	授权企业集团可以持有自己成员企业的产权或者股权	国资局到集团到子公司
		授权企业集团依照法定的程序任免其子公司的董事与董事长(经理)	
		授权企业集团收取其子公司的资本收益并决定其用途	
		授权企业集团依照法定的程序决定其子公司产权的变动和重大资产的处置	
		授权企业集团在重大的项目上拥有一定的投资决策权利	

续 表

时间	背景	授权内容	组织关系
1993年	选择纺织和仪电以及电气等行业作为改革的试点①（1993年12月）	对公司在授权范围内的资产的使用和处置拥有自主的决策权	国资局到集团到子公司
		对投资的子公司按照投入的资本数额，依法享有资产的受益权利	
		对投资范围内的子公司、企业委派产权的代表和监事会的成员	
		对子公司的工作业绩进行考核和评价	
		对投资的子公司拥有监督与管理权	
2003年	《企业国有资产监督管理暂行条例》（2003年由国务院颁布）	既包括出资企业得到监管机构授权，也包括得到授权的企业对其持股企业中的国资依规进行监督管理和经营（第28条）	国资的监管机构到国有经营公司到子公司
2015年	在《国务院关于改革和完善国有资产管理体制的若干意见》中，提出改革国有资本的授权经营体制，组建两类公司的设想，见十八届三中全会《决定》	将两类公司作为国有资本授权经营体制改革的重要操作的载体	履行出资人职责的机构到两类公司到子公司
		两类企业自主进行资产运作；承担国资出资人身份	
2018年	十九大的报告和2018年的中央的经济工作的会议	将改革国有资本授权经营的体制列为新的时期推动国资和国企深化改革的重要内容	履行出资人的职责的机构到两类公司到子公司

注：根据相关文件资料进行整理。

二是随着国资监管的改革被深入地推进，理论与实务界已经达成的共识是政府的社会管理职能与其作为国资所有者的职能并不相容，两者分离能够实现政与企分开进而达到政与资分开的目标。

---

① 分别成立上海市的纺织国有资产的经营管理公司、上海仪电国有资产的经营管理的总公司及上海电气（集团）的总公司。

三是全面深化的阶段。2013年的十八届三中全会标志着中国全面地进入改革的深化阶段。十八届三中全会上的《决定》提出"改革国有的资本的授权经营的体制,组建两类公司"设想。

2. 基于规章制度看履行出资人职责的机构的权力内容

需要明确的是,从法律意义上来看,履行出资人职责的机构是国有的资本运营公司的股东(出资人),其权力是股东或者股东会的权力。国办发〔2017〕36号文、国办发〔2017〕38号文、国发〔2019〕9号文均指出了其授权内容的相应要点(见表3-7、表3-8和表3-9)。

表3-7 国办发〔2017〕36号文中授权内容

主 体	内 容
股东会	定位为权力机构
	董监事(不含职工代表)委派或更换,董事会与监事会报告审核与批准,财务的预算与决算以及利润分配方案的批准,董事会及其董事和监事会及其监事履职评价以及监督
出资人(独资)	具有股东会相应的职权
	有责任对国资的布局进行管理,有义务对资本的运作加以规范,有权对资本的安全与回报加以维护
出资人机构(非独资)	股东身份
	有权制定审批的事项清单
	执行重大决策的合规审查(针对董事会)
	建立责任的追究机制(针对监事会)
	拟定国家股东的管理股和优先股对应的管理办法

注:根据国办发〔2017〕36号文进行整理。

表3-8 国办发〔2017〕38号文中规定的政府对出资人(代表机构)授权的内容

事 项	内 容
管资本	强化保值和增值的责任
	对投资加以监管,突出国有资本的运营
风险防范	监督国资流失

续 表

事 项	内 容
精简事项	监管的事项精简
	取消、下放、授权与移交

注：根据国办发〔2017〕38号文进行整理。

表3-9　国发〔2019〕9号中规定的授权要点

要 点	内 容
授权考虑的因素	外部环境因素，主要是企业所处产业特征；企业自身因素，包括生命周期不同阶段、内部管控能力、自身管理水平等；授权应不同企业不同政策；授权要有差别，分出先后
授、放权	主业和战略规划及其管理
	选人和用人以及股权激励
	工资的总额
	重大财务事项的管理等

注：根据国发〔2019〕9号进行整理。

结合苏政办发〔2018〕104号文和《江苏省省级事业单位出资企业国有资产管理暂行办法》等相关的文件以及本省的财政部门的监管的实践，本书认为，应合理确定履行出资人职责的监管范围，合理地划定履行出资人职责的机构与国有资本运营公司的权责的边界，制定履行出资人职责的机构的监管清单与责任清单。结合相关省份的方案，可以看出履行出资人职责的机构职能转变的主要趋势（见表3-10）。

表3-10　相关省份的方案中政府对出资人的代表机构的权力调整

调整性质	监管事项
监管机构被取消的事项	遵循谁出资谁监管的要求，取消非出资行为被授予的监管事项
	遵循法定原则，取消无法律规定事项的监管
	减少对企业内部改制和重组的直接管理
	监管机构侧重于事后的备案和规范性的指导，减少事前的备案和管理
	取消相关监管，由省级层面的母公司或者集团公司接收其子公司监管的事项；由市级、县级的国资监管机构接收其国企相应监管的事项
	取消并向其他部门转交相应的社会公共管理事项

续　表

调整性质	监管事项
监管机构被保留的事项	以管资本为主,既要放到位置也要管到位置
	放和管相统一,优化国资的布局,监管国资的运作与回报,保证国资的安全,杜绝国资的流失

注：根据各省的方案进行整理。

3. 基于学者研究的视角看国有资本运营公司的权力内容

周丽莎(2018)[①]研究并提出一份包括经营班子的业绩考核和薪酬管理权、批准公司发展的规划权以及国有产权的流转等决策事项的审批权在内的权力清单(见表3-11)。李郡(2018)提出了国有的资本运营公司授权的主要内容[②](见表3-12与续表3-12)。

表3-11　可授予的权利的清单

权利的类型	权利的内容
经营班子业绩的考核和薪酬管理的权利	选聘经理层可以通过市场化的方式进行
	可以根据国家的有关规定和国资委考核的导向,对经理层进行个性化的考核
	职业经理的聘用和薪酬随行就市,实行市场化方式
	允许探索中长期的激励方式
	实行对工资的总体数额进行备案的制度
	可以自主地决定职工工资的分配方案
批准公司发展的规划权	可以自主地决定企业5年的发展规划和年度的投资计划
	可以对公司及子公司的重大资产进行相应处置
	国有的资本投资公司的董事会还可以确定1~3个新业务的领域,向国资委备案后即可以在投资管理上与主业等同看待

---

① 参见 https://www.sohu.com/a/244800376_798816。
② 从《公司法》的角度来看,股东拥有资本的运营权。作为国有资本出资人的代表,政府或国有资产的监管机构一般具有公司法人的特征,不太容易与其他股东在身份和地位上做到一般意义上的平起平坐,是否具有行使出资人的职责的能力是不确定的。一些学者认为,通过组建两类公司,通过形式上股权关系或主要合同的关系能够割断出资人对所出资企业的行政上的干预(吴晓辉,2008)。

续　表

权利的类型	权利的内容
国有产权的流转等决策事项的审批权	在公司的内部,可以进行企业之间产权的无偿转让
	通过产权市场进行国有产权的转让
	依法依规以相应比例或者数量增减持上市股份
	在控股权不受影响下,可以协议方式购买上市股份

注:根据周丽莎的观点进行整理。

表3-12　对国有的资本运营的公司进行授权的内容

资本运营权	重点内容	子项目
资本的配置权	发展的战略	可以制定中长期的战略规划
		可以制定5年的发展规划
		可以制订3年的行动计划
		可以发展的主业
资本的回报率	收益上缴	运营公司自身的业务产生的收益
		运营公司运营业务变现的收入
		运营公司运营划入企业上缴的收入
	业绩的考核与薪酬的管理	运营公司经营层成员的业绩考核
		运营公司经营层成员的薪酬管理
		工资的总额
		下属子公司的股权激励
		下属子公司的年金方案
资本的安全权	风险的控制	内控体系的建设(按照国资委的要求,定期地编制风险内控等方面的报告)
		财务监督(定期向国资委提交财务分析报告)
		进行外部的审计(定期邀请外部审计机构开展专项的审计)
		进行内部的审计(定期开展审计工作,编制审计报告)

注:根据李郡(2018)的研究进行整理。

续表 3-12 对国有的资本运营公司进行授权的内容

资本运营权	重点内容		子项目
资本的运作权	资产的处置	资产的划转	运营公司外资产的划转
			运营公司内资产的无偿划转
		资产的处置	设立新的非重点的子公司
			增减非重要的子公司的注册资本
			重要子公司的改制和重组
			一般企业的合并和分立以及解散与破产的处置行为等
			子公司的增资和战略性投资者的引进
			企业对外的担保行为和捐赠行为
		资产的评估	选择资评机构进行资产的评估
			选择专门的机构进行清产和核资
	投资的管理	政策的投资	年度的投资计划
			重大的项目投资
			一般的项目投资(如某亿元以下)
		市场的投资	年度的投资计划
			主业内的项目投资(如某亿元以下)
			非主业的项目投资(如某亿元以上)
	股权的运营	股权的划转	运营企业之外的兄弟企业之间的国有股权的划转
			运营企业之内的国有股权的划转
		股权的运作	发行可交换债和可转换债(指不涉及控股权的变动)
			国有股权的非公开的协议转让(指不涉及控股权的变动)
			国有的上市公司的配股(给定不超过相应数额的限制)
			国有的上市公司股权的增减持,要求在法律与法规和国资委的监管规章的比例或数量范围之内
			国有股权的转持,要求不涉及控股权的变动
			国有股权的质押,要求不涉及控股权的变动
			国有股权的管理方案
公司的治理			章程的管理,含制定与修改等活动
			运营公司持股企业的董监事会的建设
人事的任免			运营公司及其子公司的经营层的选聘
			对持股企业的董监事的委派

注:根据李郡(2018)研究进行整理。

四、完全授权与部分授权之间的选择

直接授权的模式下,企业几乎能够获得完整的资本运营权,如淡马锡模式;而间接授权的模式下,即使是某一个权利,也需要在一定的范围内行使。

根据《国务院办公厅关于转发国务院国资委以管资本为主推进职能转变方案的通知》(国办发〔2017〕38号)以及各个省份相应的文件来看,监管机构对国有的资本运营公司的授权是逐步的,而不是一步到位的。无论是资本的运营权还是资产的经营权均是被逐步地授权,存在动态性的特征。也就是说,在实践中需要根据企业的实际情况,以"一个企业一种政策"的方式进行授权。

五、监督权与监管形态的归属

在严格的意义上,存在授权才有监督,当授权者授予接权者相应的权利之后,接权者在使用相应的权利的过程中需要授权者给予相应的监督,因此,监督权一般为授权者所拥有。管资本是一种价值形态上的管理,而管资产则是一种实物形态上的管理。管资本能够逐步实现监督权与资本运营管理权的分离,也就是前文所表达的"监与管分离"。

第三节　对省级层面授权模式的探讨

一、省级的国有资本运营公司的试点进展

1. 国资委系统中企业的试点

从时间轴来看,自2014年7月起,国家国资委开始以中粮、开投两家企业进行首批投资公司(两类公司之一)的试点工作;到了2016年2月,国家国资委又开始以诚通、国新等两家企业进行运营公司(两类公司之一)的试点工作。之后,到了2016年7月,继续增加了多家投资公司的试点工作[1](王倩倩,2019)。按照该部门改革的打算,在未来,中央企业将会被分为三类,也就是实体的产业集团和两类公司。

除了央企层面上的改革的试点外,地方的投资与运营的平台的布局也在提速。最早的开展两类公司的试点的省份包括山东、重庆和广东。据公开的

---

[1] 包括神华集团、宝钢、武钢、中国五矿、招商局集团、中交集团和保利集团。

报道统计,地方的两类公司的试点已经全面铺开(表 3-13 与续表 3-13)。

表 3-13 进行两类公司的试点家数(部分)

区域	省份	国有的资本投资的公司	国有的资本运营的公司
中央		9家(开投、中粮、神化、宝武、五矿、招商、交建、保利等)	2家(诚通、国新)
华北	北京	1家(控股集团)	1家(首游)
	河北	1家(建投)	1家(国资控股)
	山西	2家(焦煤集团、省投运)	
	内蒙古	2家(能发投、包钢)	1家(国资运营)
华南	广东	1家(粤海控)	1家(恒健)
	广西	1家(投资集团)	1家(宏桂运营)
	海南	1家(发展控股)	1家(海垦控股)
华东	上海	1家(国集)	1家(国盛)
	江苏	1家(交通控股)	2家(省国信、徐州市国资投资)
	浙江	2家(省能源、省交投)	1家(省国资运营)
	安徽	1家(省投控股)	1家(省国资运营)
	福建	1家(省投开发)	1家(市政集团)
	山东	7家(省国投、鲁信投控、兖矿集团、能源集团、华鲁控股、黄金集团、高速集团)	

注:作者整理。统计截至 2019 年 2 月。为了行文需要,对公司名称做了适当简化处理。

2. 党政事业的经营性国有资产的改革试点

对省级的党政机关和事业单位的经营性国有资产统一监管的改革,各地探索的模式存在差异。

从吉林、山东等省份的实践来看,采取将省级所属的企业及省直部门、事业单位的所属企业统一地移交划转至国资委管理的做法,按照三种情形处理:一是整合和发展;二是划转和重组;三是另行处置,将划转的企业纳入监管的范围。

云南省的监管改革有比较明显的新思路。针对省级层面上的经营性国有资产的实际情况,云南提出了国资委的监管、国资委的监管与行业的管理相结合、国资委的监管与部门的主管相结合以及委托监管等四种不同的监管方式。

在全国范围内,针对省级层面上的党政机关和事业单位的经营性国有资产统一监管的改革,有的是集中由本级的国资委进行监管,有的是分部门集中。显然,地方党政机关和事业单位的经营性国有资产统一监管的实现路径和监管形式,已呈现出多样化的改革趋势。

表3-13(续) 进行两类公司的试点的名单(部分)

区域	省份	国有的资本投资公司	国有的资本运营公司
华中	湖北	1家(宏泰国资投运)	
	江西	1家(国企资产经营)	
	河南	1家(能化集团)	1家(投控集团)
西南	重庆	3家(化医集团、商社、机电控股)	3家(渝富、水务资产、地产集团)
	四川	2家(投资集团、能源投资)	1家(发展控股)
	云南	1家(建投控股)	
西北	宁夏	4家(建投集团、交投集团、农投集团、旅投集团)	2家(国投控集团、国资运营集团)
	新疆	1家(投资发展)	1家(金投)
	青海	1家(国投)	1家(三江集团)
	陕西	2家(投资集团、西有色控股)	
	甘肃	1家(省国投)	
东北	辽宁	1家(省国资经营)	
	吉林	1家(省吉盛资管)	1家(省国资运营)
	黑龙江	1家(省辰能投)	1家(省投集团)

注:作者整理。统计截至2019年2月。为了行文需要,对公司名称做了适当简化处理。

二、省级层面上的资本运营公司的典型模式

从业务循环来看,各地两类公司试点正在探索的路径是"融投管退"。通过投融资活动来获得资产并经营资产,通过资本的运作、股权的管理来实现资本的增值和退出。这种模式的实质在于"形成相应资本、管控相应资本、运作相应资本",使那些不可交易的、不易交易的资产能够变成可以交易、容易交易的资本,从而在交易中被发现相应价值,以实现国有资本的保值和增值的目的。

一项由归属于国家层面的国企改革领导小组所属的办公室在2016年以及其后一年连续进行调查和分析得出,地方上两类公司的实践模式大致可以

归纳为上海、重庆及山东三种管理模式[①]。在这三种模式下,重庆和山东这两种模式更为相近,而上海模式又有所不同。

1. 山东模式与重庆模式

山东模式的重点是两类公司主要由现有的大部分地方融资平台企业改组改建而来;不能改组改建的则将其股权划入两类公司。重庆模式是两类公司按照行业(产业)类别的不同分别接收现有的地方上国企的股份,其目标是创新性的、支柱性的行业要集聚80%以上的国有资产。

2. 上海模式

上海模式可以概括为以下主要做法:一是地方平台负责运作整体上市企业的部分股权,坚持分类管理原则,原则上竞争性国企应整体上市;基于价值管理渠道,提升国企资产的证券化水平。目前上海有两家上市的平台,分别是上海国际和上海国盛。二是"上海国企的ETF的基金"[②],作为创新的国有资本的流动性平台。企业可以通过股权换购ETF来实现资本的流动,进一步丰富和优化资源的配置,降低非系统性的风险,提高运营的效能和效率。

目前不少地方性的两类公司都在探索使用基金来实现投资管理的路径,不少企业的旗下的基金超过3只,甚至于一些基金运作已经比较成熟的企业开始了以基金群来实现投资的运作。例如,重庆渝富集团旗下就有以战略性新兴产业的股权投资的基金为代表的产业基金群、以中新的互联互通的基金为代表的开放式基金群、以国企的并购重组的基金为代表的供给侧结构性改革的基金群、以高科技创新的投资基金为代表的风险投资的基金群,等等。

采用基金来实现投资运作主要基于基金的模式所具有的灵活性。产业基金就是运作最多的基金。根据产业基金投资的模式可以将产业基金分为股权的投资、债券的投资和股加债的投资。

[①] 调查的对象包括:央企、一些省级的国资委、市级的国资委以及他们出资的企业。
[②] 根据百度百科,交易型开放式指数基金,一般是被称为交易所交易基金(Exchange Traded Funds,简称ETF),是一种在交易所内上市交易的、基金的份额可以变动的一种开放式的基金。交易型开放式的指数基金属于开放式的基金的一种特殊的类型,它具有封闭式的基金和开放式的基金的运作上的特点,投资者既可以向基金的管理公司申购或赎回相应的基金的份额,同时,又可以像封闭式的基金一样在二级的市场上按市场的价格买卖ETF的份额,不过,申购和赎回必须以一篮子的股票换取基金的份额或者以基金的份额换回一篮子的股票。

三、特定省份的国有资本运营公司的模式分析

1. 产业分布

针对某一省份而言，可以借鉴山东和重庆模式，逐步将国有的资本聚焦于高新技术的产业、国家战略性的产业以及一些产业的孵化上。利用资本运营公司的专业优势，稳步地推进现有产业的发展。

例如，据前期的调研，江苏省的党政机关和事业单位的经营性国有资产在产业分布上很广，在一些产业和业务上，如地质勘探、规划设计、环境监测等，相比于国内外的同行和竞争对手而言，有自己的特色和相对的优势。因此，建议可以将这样的一些优势的产业作为基础来组建产业集团，作为国有的资本运营公司所持股的企业来运营。

2. 资本流转的方式

可以借鉴和学习上海的模式，积极培育和孵化相应的产业，推进上市的进程或资产证券化的进程，提升国有资本的流动性。利用省级层面上现有的产业基金的资源，创新性地使用基金的工具进行内引和外联，强化基金"募投管退"的功能，提升国有资本的配置和流转的效率。

第四节 组建模式分析

一、功能定位的一般思路

1. 制度规定

根据国发〔2018〕23号文的规定，国资运营公司作为两类公司之一，接受授权（可能是国家也可能是监管机构授权）承担出资人，作为独资国企，定位于专业从事国资运作的平台，其以产权为纽带和监管的基础，以市场化为导向，自主依法运营而不从事具体的生产经营业务。作为所持股的企业的出资人或股东，其享有公司法规定的权利和义务，同时，其也被赋予肩负管好国资布局、优化国资运营的投入产出比、确保国资的保值和增值等方面的职责[①]。

[①] 请注意，这与早期文献中学者的观点并不一致，例如，王学东（2001）认为与一般不同的是，国有资本运营的目标是与政府的经济职能和作用上的目标，即经济的增长、经济的稳定和经济的公平相一致。

从上述相应的规定来看,可以得到在制度层面上,对国有的资本运营公司的功能定位:① 国有的独资公司;② 国有资本市场化运作的专业性平台;③ 不从事具体的生产经营活动。

2. 现行的省级运营公司的功能

通过对当前省级运营公司功能定位的梳理(见表3-14),可以发现,资本的运营、资本的投资、土地的经营以及其他不属于资本运营的活动均出现在一些公司功能定位的描述中。这说明,现行的部分省级层面上的资本运营公司的功能定位超出了国发〔2018〕23号文规定的范围。

表3-14 现行省级层面上的资本运营公司的功能定位①

公司的名称	功能的定位	
浙江运营公司	省属的企业进行资源配置的平台、国有资本的运作平台	资本的运营、资本的投资
	省级的战略性投资的平台	
上海国盛	作为市政府重大产业项目投资的通道	资本的运营、产业的投资
	服务于地方经济的转型和升级以及国资与国企改革的大局	
	发挥产业投资和资本运作的功能	
重庆渝富	金融控股,股权的管理,产业的投资,基金的运营	资本的运营、土地的经营、产业的投资
	资产的收购与处置;土地的经营	
山西投运公司	通过"进、退、流、转"活动,推动国有资本的合理流动和配置优化	资本的运营、资本的投资
	调整结构、促进转型,解决好"一煤与一股"独大的问题	
	按照专业化和市场化以及板块化等原则来重组、整合、经营,带动产业上的集聚和升级	
安徽运营公司	国有资产的运营处置和股权的管理以及投融资	资本的运营
	(社保基金划转的)国有股权的运营和管理	
	基金平台的引资服务于国有资产的布局调整(如重点的行业和重点的领域)	

---

① 分别是浙江省国有资本运营公司、山西省国有资本投资运营公司、安徽省国有资本运营控股集团公司、云南省国有资本运营有限公司、天津国有资本投资运营公司、内蒙古国有资本的运营公司、湖南国有资产经营管理公司。

续 表

公司的名称	功能的定位	
云南运营公司	资产的管理、资本的运营、投资的管理和战略研究	资本的运营、资本的投资
	聚焦于能源开发、生物与医药、特色性农业等核心的产业	
	现代服务业和战略性的新兴产业的投资	
	增强资本运作和资产整合的能力,是持股者、价值管理者、资金配置者以及产融的纽带	
天津投运公司	投行加基金的模式,跨市场的价值的发现,国有资本价值的管理、资源的整合、产融的结合,咨询顾问的服务	资本的运营、咨询顾问、产业的投资
	战略性的投资,资本的运作	
	将国有资本投向重点的行业、关键性的领域和具有优势的企业	
内蒙古运营公司	区属的国有股权资产的运作平台、投融资的平台,基金管理的平台	资本的运营、遗留问题
	解决国企改革遗留问题的平台	
	设立国有企业改革发展的基金	
湖南资管公司	省属的国有独资大型资产经营和管理功能类的企业	资本的运营、非资本的运营
	资产的接收、改制、重组与整合、处置与盘活、清理与退出	
	职工的安置、问题的处理和维护稳定	

注:根据相应公司网站中公司功能定位的资料进行整理。

3. 两类公司与产业集团公司之间的关系比较

在功能的定位上,国有的资本投资公司不同于国有的资本运营公司。根据国发〔2018〕23号文的规定,国有的资本投资公司的功能定位于在产业的投资上坚持国有股权的经营,主要考核聚焦于国有资本的保值与增值。在这一前提下,通过国有股权的经营,实现国有资本的有进和有退,推动产业布局的结构性调整,来支持产业的升级,提升主要产业的竞争力。这一定位在于强调投资公司的产业发展的职能。

国有资本运营公司的功能定位在于,专门从事资本运营业务的纯资本运营的公司,对其考核的标准在于,一是强调国有资本的保值与增值;二是国有资本收益的最大化。从这个意义上来说,其可以跨所有制、跨区域甚至跨国界从事资本运营的活动。

在一个国家的范围内,一般认为,会形成以国有的资本投资公司为大多数,以国有的资本运营公司占少数的分布格局。目前国有资产的流动性很弱,国有资产相对固化。因此,应设立更多国有的资本投资公司来推动产业结构的调整,推动国有资本的布局调整。在课题组的调研中,学者文宗瑜认为,在中央层面上,国有的资本投资公司可以设立 15~30 家,而国有的资本运营公司不会超过 3~5 家①。

职能定位不同,设立方式的选择也不同。一是以新设的方式组建多家国有的资本运营公司,其侧重于流动性管理。从注册资金来源来看,国资经营预算方面的支出、国有股权的划转(产业属性不强、流动性好的,如上市公司的股权)等形式形成初始的股本。二是通过重组的方式组建更多国有的资本投资公司(见表 3-15)。

表 3-15 两类公司与企业集团公司之间的关系

比较维度	企业集团公司	两类公司
公司的属性	定位于产业集团,从事具体的生产经营活动	不同于一般企业,其不从事具体生产经营活动;专门以市场方式从事资本运作
主营业务	在监管机构确定的主业范围内从事生产经营和管理	以国资布局、国资流动合理化为前提,做好资本运营与投资
管理依据	主要以产业为联结的纽带,对所属的企业实施管理	侧重于产权管理,以市场方式运作资本,对所持股企业按照规范的法人治理结构进行管理
治理的结构	属于一般的国企,基本上按照相关规定的要求来建立公司治理	根据功能的定位,在治理的结构上有一些新的特点

注:根据相应资料进行整理。

4. 功能定位的误区

应该看到,现有省级层面上资本运营的公司在功能定位上存在一些误区:

第一,现行的省级资本运营公司的功能定位不清,特别是两类公司(企业)之间在职能上彼此界限不清甚至相互混用。鉴于组建或者改建的基础公司是产业集团,有产业经营经验而资本运营经验不足,因而离真正的资本运营企业有差距;此外,在实践中,一些自称或者定位为资本运营公司的企业除了选择资本运营作为业务外还从事产业经营和投资,从而导致运营、经营和投资多种

---

① 根据文宗瑜专家咨询会发言的资料进行整理,见附录八。

业务兼营，显然存在定位不清问题(如表3-14所示)。

第二，现行的国有资本运营公司在功能定位上出现偏离，做成了投资控股集团。在实践中，原先集中从事某一行业进行投控的企业在一些地方被选为改组为运营公司，这为其保留"原身份"提供了可能，本质上还是什么交投集团、什么能投集团，其实只是有运营公司的名字，却"有其名无其实"，本质上仍将功能定位于产业控股的集团。部分现行的国有资本运营公司缺乏长期性的、战略性的投资远期规划，投资陷入盲目、靠撞大运，甚至也就是做做产业的经营。这些都与两类公司所要求的战略性的投资和产业的控制目标不一致，与国有资本的监管机构(国资委)赋予其帮助推动国资的布局与结构的调整的使命相背离。

第三，现行的省级层面的两类公司存在组建过多问题。在2018年前，因有关两类公司的国家层面的顶层设计尚未出炉，各省市层面的两类公司的设立真是千奇百怪、怪相叠生。一些省市分别以某一行业龙头的国企为主体，将相应同行业(同产业)的国企归类，组成相应两类公司，由于行业众多，导致这类公司数量过多，比如，机械、汽车、水务、煤炭、采矿等运营公司、投资公司等[①]。显然，这类企业在产业上存在单一化，其实是可以作为产业集团来量身打造，作为两类公司则会在运作上受限，相应的空间捉襟见肘[②]。

可以看出，功能的定位统驭了经营的范围并进而决定了业务的范围(经营的方式)和业务的板块。从这一角度来看，功能定位的错位会导致经营范围和业务范围发生错位。

5. 党政机关和事业单位的国有资本运营公司的功能定位

至此可以认为，以党政事业组织所属企业组建的国资运营公司应科学定位为资本运营的公司，这需要紧扣三个要点：资本的运营，专业化的平台，不从事具体生产经营的活动。应尽力避免出现投资与运营的职能混淆、做成投资控股集团以及超多元化的平台公司等问题。

二、经营范围的划分依据

1. 现行的省级资本运营公司的经营范围分析

通过对现行的省级国有资本运营公司的经营范围进行梳理后发现，除重

---

① 例如，山东相应改革实践存在这样的问题。

② 有关定位的误区的问题的讨论，以国资委王绛的观点为代表，见《国资委披露国资投资运营公司五大问题存三大误区》，http://finance.sina.com.cn/roll/2016-07-17/doc-ifxuapvw2145371.shtml。

庆渝富资产经营管理集团有限公司外,其他的资本运营的公司除了从事资本的运营外,还从事非资本的运营的业务。因此,这些公司的经营范围超出了国发〔2018〕23号文规定的范围(见表3-16与续表3-16)。

表3-16 现行的省级资本运营公司的经营范围

公司名称	经营范围	分 类
浙江运营公司	运营,非运营	投资的管理及咨询的服务,资产的管理与处置,股权的投资与管理,基金的管理
		金融信息方面的服务
上海国盛	运营,非运营	开展以非金融为主、金融为辅的投资,资本的运作与资产的管理
		产业的研究,社会经济方面的咨询
重庆渝富	运营	收购资产和处置资产以及在特定的产业内进行投资
		做财务顾问或进行投资咨询,兼并代理、重组代理或者做这些业务的顾问,企业和资产的托管
山西投运公司	运营,非运营	进行国资运营或投资业务,持有国有股或投资国有股
		债务重组、债权重组以及资产管理
		重组企业或以行业为导向的重组
		以企业为对象或者以债权、债务或全部资产为对象的托管行为、收购行为或者处置行为
		以重大项目建设为目标的投融资
		金融与产业领域研究、财富管理、投资领域咨询、物业管理服务、重组顾问、兼并代理等财务顾问业务
		其他限于非银行金融业务的活动
安徽运营公司	运营,非运营	国资投资以及运营,持有并运营投资国有股
		资产重组及管理、债权重组及管理、债务重组及管理;产业视角下重组;企业托管、收购与处置,资产托管、收购与处置,债权托管、收购与处置,债务托管、收购与处置
		建筑设计与施工,以重大项目为对象的投融资,产业研究咨询、金融研究咨询、资本运作研究咨询,以财富为对象的管理活动,相关项目的财务顾问
		重组兼并顾问、重组兼并代理、非银行金融业务

注:根据公司网站、天眼查、启信宝、水滴信用等信息源整理。统计截至2018年12月。

续表 3-16　现行省级的资本运营的公司的经营范围

公司名称	经营范围	分　类
云南运营公司	运营,非运营	股权上投资和项目上投资;创业投资上咨询与顾问业务
		设立并管理相应的基金;非金融性的资产的管理;不良的资产的管理和处理;产业领域研究、投资领域咨询、金融业务研究
		出租房屋;管理物业
天津投运公司	运营,非运营	行业的投资
		投资的管理与咨询;企业管理
		对外贸易;商务信息方面的咨询;财务信息方面的咨询
内蒙古运营公司	运营,非运营	投资与股权的管理;产权的经营和资本的运作
		资产与收益的管理;资产的收购与处置
		并购和重组以及整合;企业和资产的托管
		投资咨询方面的服务;企业管理上咨询服务
		物业管理;土地的收购和储备以及整理
		企业改制遗留问题的处理

注:根据公司网站、天眼查、启信宝、水滴信用等信息源进行整理。统计截至 2018 年 12 月。

2. 党政机关和事业单位的资本运营公司经营范围的设想

从特定的省份来说,比如江苏省,作为承接党政机关与事业单位的经营性的国有资产集中统一的监管中脱钩划转、部分保留的企业以及事改企(事业单位向企业转型)的企业,省委省政府和省财政厅对党政事业的资本运营公司的经营定位可以包括:投资与资产的管理;产权的经营和资本的运作;收益的管理;股权的管理;企业和资产的托管;资产的收购与处置;并购和重组以及整合;重大的经济建设项目的投融资等。

三、组建方式的探讨

1. 组建方式之间的比较分析

从理论上来看,组建国有的资本运营公司的方式包括新设、合并、吸收和改组四种方式。这四种方式各有优、缺点(见表 3-17)。

表 3-17 四种组建国有的资本运营公司的方式的优、缺点

组建模式	优势	劣势
新设	以新设模式组建两类公司迅捷方便,没有原有企业陈规旧俗的约束,组织架构与团队可以根据需要搭建	新团队没有工作基础,新进人员之间磨合和合作经验积累均需要时间
合并	选择合并模式组建,能够立即达成规模,突破行业壁垒,整合行业资源和能力,形成协同效应	合并各方原有团队和组织之间差异需要整合,整合的难度较大
吸收	选择吸收模式组建时占优势的一方在团队和人员上具有投资和运营原公司的基础,启动工作容易	吸收活动涉及方的整合难度大
改组	以在现有企业基础上改组模式组建,类似于吸收模式的优点	类似于吸收劣势

注:根据相关资料进行整理。

2. 典型的公司组建方式分析

通过对现行的省级资本运营公司组建方式的梳理,可以发现,典型的组建方式是新建或者改建(见表 3-18),吸收或者合并的方式目前尚未见到报道。

表 3-18 典型的组建方式

公司名称	组建方式	组建时间
浙江运营公司	改建	2017 年
上海国盛	改建	2014 年
重庆渝富	不详	2004 年
山西投运公司	不详	不详
安徽运营公司	改建	2017 年
云南运营公司	新建	2011 年
天津投运公司	新建	2017 年
内蒙古运营公司	改建	2016 年
湖南资管公司	新建	2015 年

注:根据公司网站、天眼查、启信宝、水滴信用等信息源进行整理。统计截至 2018 年 12 月。

3. 党政事业的资本运营公司组建方式的设想

综合考虑,党政事业的国有资本运营公司一般可以选择新建。其主要原因在于,一是组建简单容易,在时间和程序上表现得较为简单便捷;没有原有

企业的陈规旧俗需要遵循，能够根据需要搭建组织架构和管理团队；二是在省财政监管范围内，一般没有合适的企业能够改建为国有的资本运营公司。

四、注册资本规模的确定

1. 现有的省级层面上的国有资本运营公司的注册资本

通过梳理可以发现，现行的省级资本运营公司的注册资本位于 100 亿～500 亿元之间。资产负债率在 55%～77%。因此，据此可以大致测算一下一般国有资本运营公司的总规模。在假定新建方式且注册资本到位的情况下，国有的资本运营公司 100 亿元注册资本可以支撑起 200 亿～400 亿元总体量（见表 3-19）。

表 3-19 注册资本、净资产与负债率

公司名称	注册资本（亿元）	净资产（亿元）	资产负债率（%）
浙江运营公司	100.00	335.61	74.99
上海国盛	100.00	不详	不详
重庆渝富	100.00	825.00	56.18
山西投运公司	500.00	6 200.00	77.04
安徽运营公司	100.00	不详	62.39
云南运营公司	83.97	118.00	76.26
天津投运公司	100.00	不详	不详
内蒙古运营公司	100.00	不详	不详

注：根据现有的省级国有资本运营公司网站、天眼查、启信宝、水滴信用等信息源整理。统计截至 2018 年 12 月。

2. 决定党政事业的资本运营公司注册资本规模的依据

一般认为，影响企业的注册资本规模的因素有行业、预计企业发展的规模、预计的资产负债率、公司业务和功能上定位以及经营范围等多个方面。

以江苏省为例，参与调研的专家认为，注册资本金的大小可以从以下方面考虑[1]：

一是取决于省委和省政府对资本运营公司的定位和目标。考虑到投资、并购活动以及大项目的投资等均需要资本，作为省级的资本运营的平台，注册

---

[1] 根据相应的专家咨询会和企业座谈会的资料进行整理，见附录一中续附表 1-1。

资本不能太小。资金来源除了资本金,更多的要从市场上筹集相应的资金,企业规模,特别是净资产、总资产规模在企业发展中非常重要,如果资产的规模小,融资的渠道、融资的成本都可能会处于相对不利的地位。从现有情况来看,100亿~300亿范围内都是合理的,除了股权、固定资产,更要有现金资产投入,从而帮助组建后的公司推进相关工作。

二是发债融资的成本和发债融资的金额,评级决定了融资的规模和成本,如果做3A评级,筹集资金的渠道也多,融资的资金成本也相对便宜,如果评不到这个级别,难度会很大。所以资本金能大则大。考虑到去杠杆是大趋势,从未来融资的绝对额上来看,注册的资本金要高一点。

三是从后续装入的企业来看,党政机关和事业单位的所属企业归属于国有的净资产的总额近100亿元,这个资本金的规模支撑运营应该是没有问题的。如果有一定的盈利能力,在资产整合到位后,企业有了自我融资的能力时,资金的来源渠道可能会更多。当然,也可以适当考虑省级的财政支撑的能力,采用认缴方式,资金在若干年后到位。

四是看国有的资本运营公司未来的发展需要、发展类型、发展方向、长远投入而定。对于智力型的公司,只要不亏本金,产生的利息能养人,不亏损就可以生存下去。看是重资产还是轻资产类型的公司,目前很多规划咨询类都是轻资产,需要考虑未来是否兼并一些重资产的公司。规划发展的方向要超前,买楼买资产投入大,注册资本金就大。

党政事业的资本运营公司的发展规划,需要结合现有的省级国有资本运营公司的发展经验、省委和省政府以及省财政厅对资本运营公司的阶段性发展规划的相应决策的需要。党政事业的国有资本运营公司的近期目标在于,完成党政机关和事业单位的经营性国有资产集中统一的监管中脱钩划转、部分保留的企业的接收工作,以及事业改企业的企业接收工作,做好股权的管理。中期的目标除了对所持股的企业的股权进行管理外,还进行授权范围内的国有资本运营的活动。远期规划在业务的范围内可以进一步地拓展,比如,进行股权的管理、资本的运营,进行基金方面的投资等。在地域范围内,则可以在省外拓展相应的业务。

五是职工的规模,职工的规模大,资金需求也会增高。

此外,公司注册资本的规模要兼顾面上的情况,看中央、省外类似单位注册的资本金是多少。目前省级的国有资本运营公司的资本金在100亿~500亿元,负债率在56%~76%。

结合现有的省级国有资本运营公司、江苏省财政厅对运营公司发展的规划,预计以一定的现金、股权的投资数额划入作为企业的股权规模。根据专家建议,现有的省级国有资本运营公司资本金的规模以及未来装入企业股权的规模,预计江苏省党政事业的国有资本运营公司的资本金规模为100亿元[①]。

第五节　党政事业所属企业授权体制的调整思路

一、集中统一的监管与两类公司的改革思路

根据中办发〔2018〕44号文、国发〔2018〕23号文,财政部在这一轮推动的党政机关和事业单位的经营性国有资产的统一监管,基本还是属于国有企业改革中的一个环节。在这轮改革中,财政部进行了相应尝试,将党政机关和事业单位的经营性国有资产的统一监管和两类公司的设立对接起来,纳入一个框架内解决。

讨论两类公司如何设立的话题的背景更长。从1988年成立国有资产管理局,经济学界一直在讨论要不要进行国有资本的运营。广东和深圳进行了较早地尝试,设立了三大投资公司,可以说是现在的国有资本运营公司的雏形。1998—2003年,社会上有关国有的资本运营公司设立的计划被搁浅。2003—2013年,经济学界一直在讨论国有的资本运营的授权改革。在这一背景下,2013年,中共的十八届三中全会把国有的资本运营的授权改革写进《决议》,写进了国企改革和国资改革的相关文件中。

1. 财政部35号令与36号令明确了出资人与主管的职责

在2003—2013年之间出现了一个新的现象和新的问题,即党政机关和事业单位的事业性的国有资产的高增长以及机关性(行政性)的国有资产的高增长。简单来说,就是行政性和事业性的国有资产的高速增长。针对行政事业性的国有资产的高增长,财政部出台了35号令的《行政单位国有资产管理暂行办法》(2006年)、36号令《事业单位国有资产管理暂行办法》(2006年)。这些政策的基本思路是希望解决两个问题:第一,明确谁是出资人、谁是主管的部门;第二,能不能建立统一的监管架构。35号令、36号令出台后,各级政府基本明确了行政和事业单位的国有资产的主管是各级的财政部门,在这一点

[①] 如江苏省党政事业的国有资本运营公司(省国金公司)实际批准的组建方案中的注册资金是100亿元。

上已经没有丝毫的争议。从党中央、国务院到各个职能的部门、地方的政府，明确了对于行政事业性的国有资产的两个事项，也就是，一是财政部是出资人；二是财政部、各级的政府的财政部门是主管的部门。但是，35号令、36号令对于党政机关的经营性国有资产在管理上基本没有大的进展。这主要是基于35号令、36号令的文件尝试出台的几个文件的争议很大，最终并没有起到相应的作用。

2003—2013年，行政事业性的国有资产的高增长中，增长最快的是党政机关和事业单位的经营性的国有资产。2013年11月，十八届三中全会在《决定》（全称《中共中央关于全面深化改革若干重大问题的决定》）中对行政事业性的国有资产如何监管没有提。这个《决定》主要解决三个问题：一是国有企业的混合所有制的改革和国有经济的混合所有制的改革，即两个混改——发展混合所有制的经济和混合所有制的企业；二是构建新的国有资产的管理体制，中央、各地形成基本相同的管理模式；三是两类公司的设立，即对国有资本运营的授权改革。

2. 统一监管

从2013年十八届三中全会后到2016年，国资委和发改委以及财政部将主要的精力放在国企的混合所有制改革和国有经济的混改上。2016年，财政部把党政机关与事业单位的经营性国有资产的统一监管提上了议程。2017—2018年，遵照国企改革的部署，财政部起草了两类公司的文件，不过，这一文件在财政部、发改委、国资委之间存有分歧。2017年重新修改了该文件，2018年正式出台[①]。

财政部想管的就是行政事业性的国有资产的统一监管。财政科学研究所文宗瑜教授等建议财政部把两项工作合并起来，搞国有资本的授权经营，把行政事业性的国有资产整合起来，组建国有的资本投资与运营的公司。

总体来说，统一监管与资本授权经营改革等两项工作可以结合起来做，也就是统一监管既可以看作行政事业领域国资监管改革，也可以看作授权经营改革的一部分；因而，统一监管改革可以借助授权经营改革来搭建相应的两类公司平台，并通过这个平台来建立统一监管的信息系统、管理系统。

通过统一监管和两类公司的改革，能够解决事与企不分的问题。事与企分开、政与企分开，本质上是解决事业行政单位的公共属性和企业的市场法人属性问题，在职责定位、机构设置、人员管理、组织运行等方面企业有其市场化

---

① 根据财政部科研所文宗瑜教授的访谈资料进行整理，见附录八。

属性。显然,变革的对象是那种一边行使行政权力一边则干着企业活的行政事业组织,或者是一边干着企业活一边还享有行政事业权力的企业,前者需要通过统一监管改革,后者需要资本授权改革。

二、党政事业的经营性国有资产授权经营的体制变革

现有的授权体制见图 3-6。

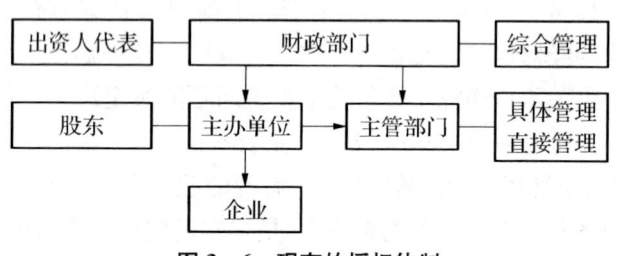

图 3-6　现有的授权体制

在省级事业组织所属的企业或者出资形成的国企管理问题上,省财政部门、主管部门及其事业组织分别拥有综合监管、监管以及具体管理权力。

（一）基础事项的管理

省级的事业组织对其出资的企业依法行使股东的权利,出资的企业依法享有经营的自主权,省级的财政负责国资的基础和重大事项监管。这些监管是通过国资信息管理系统实现的。

所属企业的产权登记、评估以及财务报表报送。出资企业的产权登记工作由省级的财政部门负责来办理。评估事项根据批准部门来决定,如果是省级的财政部门批准的,那么就由该财政部门来核准或者备案,否则则由省级主管部门备案；主管部门接受财报并汇总后通过相应的管理信息系统按照规定的时间和标准向省级财政部门报送。

（二）重大事项的管理

国企重大事项除需要先期报送主管部门或财政批准后决定的情形外,国有独资企业相应事项的决定权在于出资的事业组织,而独资国企外的国企相应事项的决定权在于股东会①。

1. 章程与投资

独资国企的章程分别由出资的事业组织行使制定权、修改权,主管部门具

---

① 指《江苏省省级事业单位出资企业国有资产管理暂行办法》。

有备案权。

重大事项权力分布。以对企业出资额 1 000 万元为标准,高于 1 000 万元出资额的企业,其重大事项提出处理意见的权力属于出资的事业组织,主管部门具有审议权,财政部门具有批准权;低于 1 000 万元且其重大事项会致使国有权益单笔变化 300 万元的企业,其重大事项相关权限的分布同 1 000 万元出资企业的标准。

在重大事项备案权上,财政部门拥有主管部门批准的重大事项备案权;主管部门拥有出资的事业组织决定的事项备案权。

2. 董监高人员的任免或建议任免的权利

出资的事业组织行使任免或建议任免出资企业的董监高人员的权利。相应地,主管部门负责本部门出资成立的企业管理者业绩考核以及国资保值和增值考核办法并经财政批准。

因此,从授权的主体来看,省财政、省主管的部门、省主办的单位均行使部分所有者的职责且职责的范围存在高低之分。这说明,这些授权的本质上是部分授权的模式。从授权的内容来看,既有部分的资本运营权,也有资产的经营权或者生产的经营权的授权。

第六节　外部授权变革方向的探讨

一、授权主体的变化

顺应党政机关和事业单位的经营性国有资产的集中统一监管的改革需要,经营性的国有资产通过脱钩划转、事业改企业等方式进入党政事业的资本运营公司之后,党政机关与事业单位的经营性国有资产的原先主办单位、主管部门不再承担具体的管理职责。对这些资产履行出资人职责的机构并不是原先的主办单位或主管部门①,而是党政事业的资本运营公司。至于对党政事业单位的资本运营公司履行出资人职责的机构是各级政府、财政还是国资委的话题,答案视具体情境而定。如果采用直接授权的模式,则对党政事业的资本运营公司履行出资人职责的机构是各级的政府。如果采用间接授权的模式,

---

① 在统一监管的改革中,采用部分保留方式的,经营性的国有资产原先的主办单位或主管部门可能拥有部分股权。

那么在统一监管的改革中,如果把党政事业组织所属企业直接划转给国资委系统内的企业,则对这些经营性的国有资产履行出资人职责的机构自然是国资委系统内的企业——可能是国有的资本运营公司或者国有的资本投资公司,也可能是产业集团等非两类公司的国有企业;如果是在财政部、厅或局系统内,以这些经营性的国有资产为基础组建的国有资本运营公司,则对这些国有的资本运营公司履行出资人职责的机构自然是财政部门。

二、对直接与间接授权模式的选择

在对党政事业的国有资本运营公司的授权上,据悉,财政部针对国家层面上的党政机关与事业单位的经营性国有资产集中统一的监管下组建党政机关与事业单位的国有资本运营的公司,采用直接授权的模式;而河北、云南等省份将党政机关与事业单位的经营性国有资产划转给国资委系统内国有的资本运营公司,则属于间接授权的模式。

三、部分授权与完全授权之间的选择

监管机构职能转变的方向应以管资本为主为导向,结合党政事业的国有资本运营公司的具体情况,科学确定授权的范围,能放则放。根据具体的情形,实施动态的授权。

四、授权内容的划分

一是以国办发〔2017〕36号文、国办发〔2017〕38号文、国发〔2019〕9号文为指引,吸收国资委系统中改革的有益经验,结合省政府对党政事业的国有资本运营公司履行出资人职责的机构的定位要求,科学确定股东的权责范围,授予相应的权力。

二是履行出资人职责的机构对党政事业的国有资本运营公司董事会授权的问题。根据国发〔2018〕23号文,履行出资人职责的机构可以授予党政事业的国有资本运营公司董事会履行部分股东会的职责。董事会对股东会负责,经理对董事会负责。如表3-20所示是根据《公司法》整理的,可以依据前文阐述的授权内容、改革的动态,以及党政事业的国有资本运营公司的实际情况进行授权内容的调整。

综合上述可以看出,出资人的代表机构对国有的资本运营公司要实现"三个统一、三个结合、三个分开"。

"三个统一"即权利、义务和责任的相互统一。出资人的代表机构履行国

有资本的出资人的职责,在享有出资人的资本收益、重大决策和选择管理者的权利的同时,也要履行出资人的义务和责任。

"三个结合"即管资产与管人以及管事相结合。如果仅管资产而不管人也不管事,管理资产就无从管起,这三者不结合就无法将相应的权利、责任和义务统一起来,也就难以杜绝"内部人的控制"。

表3-20 公司法规定的股东会、董事会与经理的职权

股东会	董事会	经 理
审议和批准董事会的报告	召集股东会的会议,并向股东会报告工作	
审议和批准监事会或者监事的报告	执行股东会的决议	主持企业的生产与经营的管理方面的工作,组织实施董事会的决议
决定企业经营的方针和投资的计划	决定企业的经营计划和投资方案	组织实施企业的年度经营计划和投资方案
审议和批准企业的年度财务预算方案、决算方案	制定企业年度预决算方案	
审议及批准利润分配或者亏损弥补方案	制定企业利润分配方案和弥补亏损方案	
① 对企业增加或者减少注册资本作出决议;② 对发行企业的债券作出决议	制定企业增加或者减少注册资本以及发行企业债券的方案	
对企业的合并、分立、解散、清算或者变更企业的形式作出决议	合并、分立、解散或者变更方案的制定	
	决定企业内部管理机构的设置	拟定企业内部管理机构的设置方案
除了职工董监事外的董监事选举和更换以及决定董监事的报酬	决定以下事项:① 经理的聘任或者解聘;② 经理报酬;③ 依据经理的提名,聘任或解聘副经理,聘任或解聘财务负责人;④ 副经理报酬,财务负责人报酬	① 提请聘任或者解聘企业的副经理、财务负责人;② 决定聘任或者解聘除应由董事会来决定聘任或者解聘以外的负责管理的人员
	制定企业基本的管理制度	① 拟定企业基本管理方面的制度;② 制定企业的具体规章

续 表

股东会	董事会	经 理
① 修改企业的章程； ② 企业章程规定的其他职权	企业章程规定的其他职权	① 董事会授予的其他职权； ② 企业章程对经理的职权另有规定的,遵从其规定

注：根据2018版中华人民共和国公司法整理。股东会、董事会均是会决制事项。

"三个分开"即政与企的分开、政与资的分开、所有权与经营权的分开。"政与企的分开"是监管机构对国资履行出资者的职责，而不是直接管理相应的企业(陈清泰,1998；王珺,1999；汪洋,1998)[①]；"政与资的分开"是公共管理的职能从监管机构中剥离，除了监管机构外，其他行政事业组织也不承担监管者或者出资者的职责(张维达、吴宇晖,1999；项安波,2018；高尚全、尹竹,2003；张林山、蒋同明等,2015；国家发展改革委经济体制与管理研究所课题组,2013)；"所有权与经营权的分开"是出资人的代表机构不直接干涉生产经营的活动(阮震,1998；孙志明,2009；王金胜、陈明,2008；顾钰民,2006)。

---

① 有研究认为,政与企分开有三个层次的含义：所有者的职能与社会经济管理的职能之间分开、国有的资产的管理的职能与运营的职能之间分开、出资者的所有权与企业法人的财产权彼此分离(银温泉,1998)。

第四章 国有资本运营公司内部治理的模式

第一节 公司组织架构的创新

一、划定资本运营公司部门职能的制度依据

根据国发〔2018〕23号文的规定,国有的资本运营企业要遵循三个管理导向:① 市场化;② 规范化;③ 专业化。建立科学管控体制,构建相应部门履行以下职能:① 战略规划;② 制度建设;③ 资源配置;④ 资本运营;⑤ 财务监管;⑥ 风险管控;⑦ 绩效评价。

二、现行省级资本运营公司的组织架构

本书通过现有的部分省级国有的资本运营公司的网站检索,整理出相应公司的组织架构,在此,列出相应的结构图,作为党政事业的国有资本运营公司组织架构的设计的参考。

通过对浙江省的国有资本运营公司、上海国盛集团、重庆渝富、山西省的国有资本投资运营公司、安徽省的国有资本运营公司、云南省的国有资本运营公司、天津的国有资本投资运营公司、内蒙古的国有资本运营公司等网站的检索,在此,绘出对应公司的组织架构图(见图4-1至图4-8)。

从整体上来看,在母、子公司架构的基础上,这些公司的母公司的层面上,一般是第一层面为党委会、董事会与监事会(外派),董事会一般设立分委员会。第二层面是经营层与内部的职能部门,职能部门一般包括办公室(党办、董事会办公室以及公司办公室)、党群工作、组织与人事、纪检、审计与法务风控、财务部门等,在业务部门的设置上有一些差异。第三层面是子公司的划分有一些差异,比如,浙江省的国有资本运营公司将持股企业划分为全资的子公司、控股的子公司以及重点投资的企业;山西省的国有资本投资运营公司则将

持股的企业划分为省管的企业、直管的企业;而云南省的国有资本运营公司则将持股的企业划分为二级全资及控股的企业、二级参股的企业;更有个别公司如安徽省的国有资本运营公司除了全资的子公司、控股的公司、参股的公司外,还有直属的单位。

1. 浙江省的国有资本运营公司的组织架构

浙江省的国有资本运营公司的组织架构中,董事会的分委员会中没有提及提名委员会,存在外派的监事会(可能是相关信息没有及时更新的缘故,随着国家与省一级的文件规定的调整和变化,组织架构可能会有进一步的调整,见图4-1)。

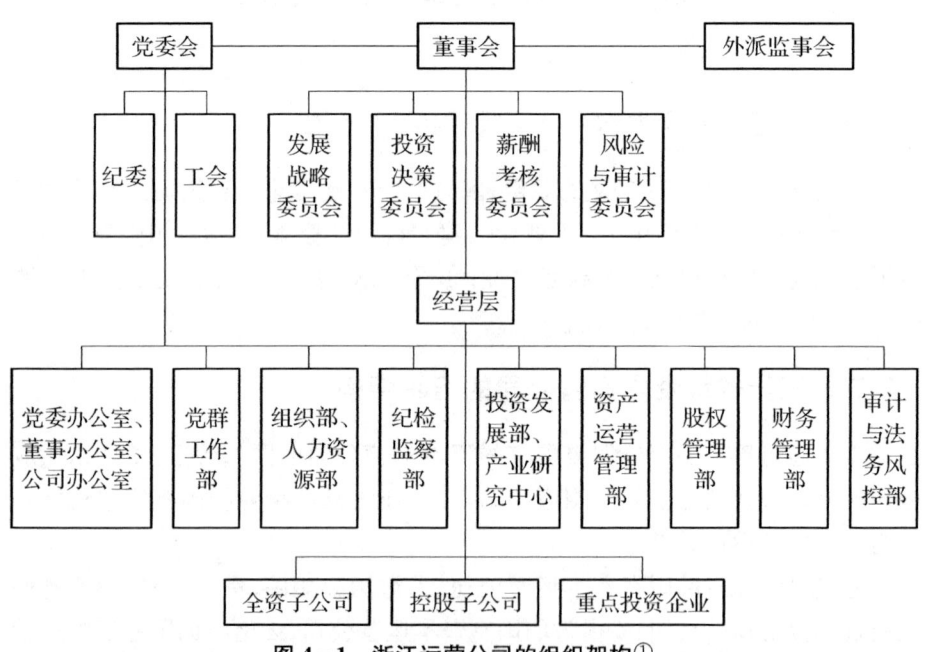

图4-1 浙江运营公司的组织架构①

2. 上海国盛集团的职能部门的设置

上海国盛集团的职能部门的设置如图4-2所示。在公司内部职能部门的安排方面,可能需要考虑内审部门的设置。对持股的企业如何管控这一问题尚未涉及。设置了监事会,但是,监事是外派还是安排企业的内部监事并不确定(根据现有资料无法判断)。

---

① 对浙江省国有资本运营有限公司简称。

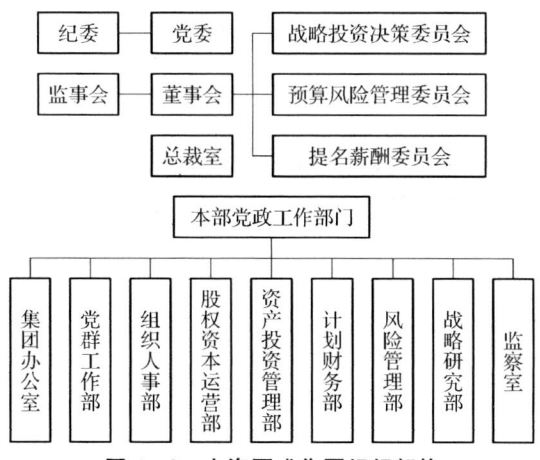

图 4-2　上海国盛集团组织架构

3. 重庆渝富的组织架构①

相比较,除没有明确提出提名委员会外,重庆渝富的组织结构相对比较健全。在母公司职能部门的设置方面,重庆渝富提出的前台、中台和后台的部门划分也是具有特色的(见图 4-3)。

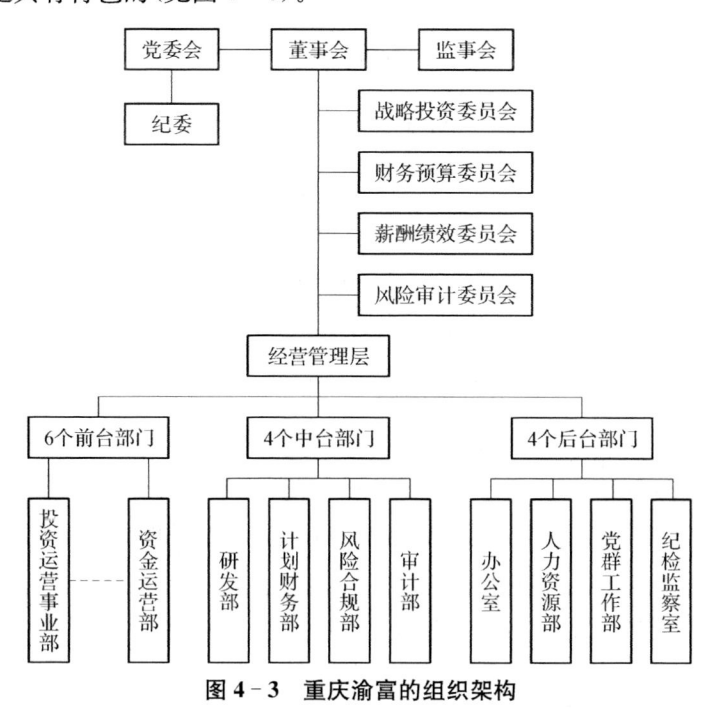

图 4-3　重庆渝富的组织架构

---

① 对重庆渝富资产经营管理集团有限公司的简称。

其中,前台部门包括投资运营的事业部(投资公司)、基金管理的事业部、文旅发展的事业部、土地运营的事业部(城建公司)、资产的事业部(国地公司)、资金的运营部等。

不过,这一组织架构也有弱点,主要是:一是持股的企业与母公司关系不明;二是持股的企业彼此之间的差异没有区分;三是前台部门中有一些是企业,有具体的生产经营活动,这与国有的资本运营公司的定位有冲突。

4. 山西投运公司的组织架构

山西省的国有资本投资运营公司的组织结构中,一是有外派的监事会;二是职能部门的设置中似乎没有审计的部门;三是在持股企业的分类上有所谓的省管的企业和直管的企业之分(见图4-4)。

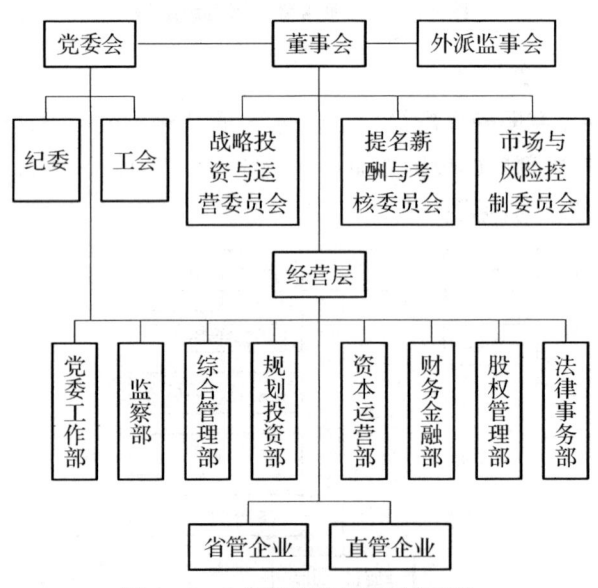

图4-4 山西投运公司的组织架构

5. 安徽运营公司的组织架构

安徽省的国有资本运营公司的组织架构中设置了监事会以及持股层的单位,除了全资的子公司、控股的公司和参股的公司外,还有直属的单位(见图4-5)。

6. 云南运营公司的组织架构

云南省的国有资本运营公司的组织架构中,党委似乎与监事会、董事会关系各成体系;董事会的分委员会缺少提名委员会;职能部门的设置中缺少审计的部门;在持股的企业中,存在二级的全资与控股的企业、二级的参股企业的提法(见图4-6)。

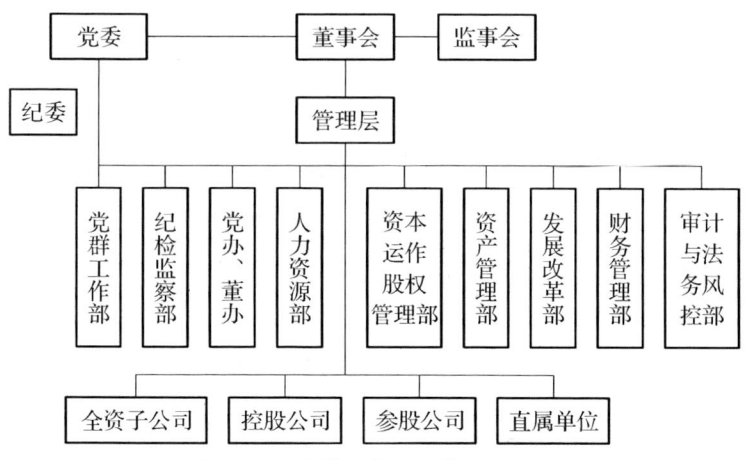

图 4-5　安徽运营公司的组织架构

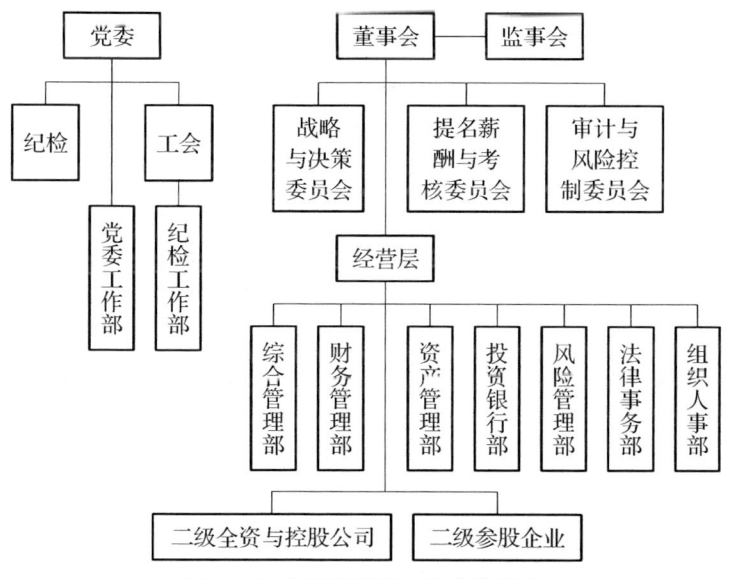

图 4-6　云南运营公司的组织架构

7. 天津投营公司的组织架构

天津的国有资本投资运营公司的组织架构中，对母公司出资的主体有两个，即天津市的国资委、天津的渤海国有资产管理公司。这对国发〔2018〕23 号文中国有独资的规定在一定程度上做了突破。在母公司的职能部门的设置中，审计部门缺失。此外，对持股企业管控的职能部门似乎没有设置（见图 4-7）。

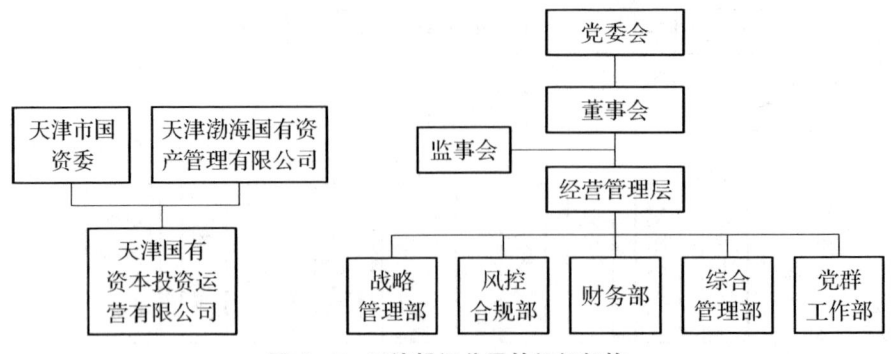

图 4-7　天津投运公司的组织架构

8. 内蒙古运营公司的组织架构

内蒙古的国有资本运营公司的组织架构似乎更为模糊，特别是在职能部门的设置方面（见图 4-8）。

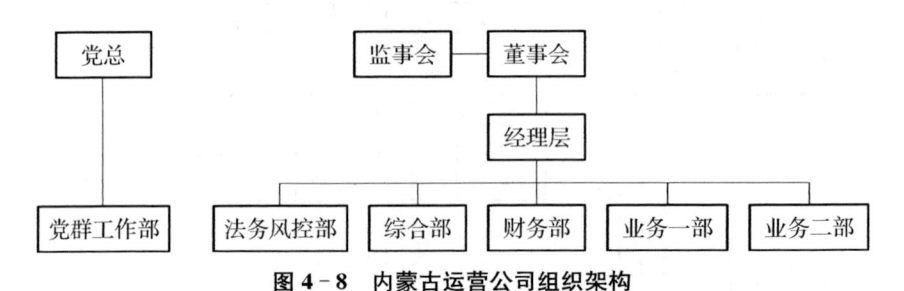

图 4-8　内蒙古运营公司组织架构

三、党政事业的运营公司职能部门的设置与职责分析

针对特定的省份，比如江苏省，依据制度的规定，结合现有的省级资本运营公司的组织架构，充分考虑江苏省现有的国有资本的分布情况和监管机构的工作实际，初步拟定省级的党政机关与事业单位的国有资本运营公司的组织架构如图 4-9 所示。应该注意到，除了在天津的国有资本投资运营公司的组织架构中，对母公司出资的主体有两个，即天津市的国资委、天津的渤海国有资产管理公司外，现有的省级国有资本运营公司的出资方在其网站上并没有明确。依据前文所述，河北、云南已经按照省级的国资委接受模式承接省级的党政机关和事业单位的经营性国有资产，这区别于江苏模式。

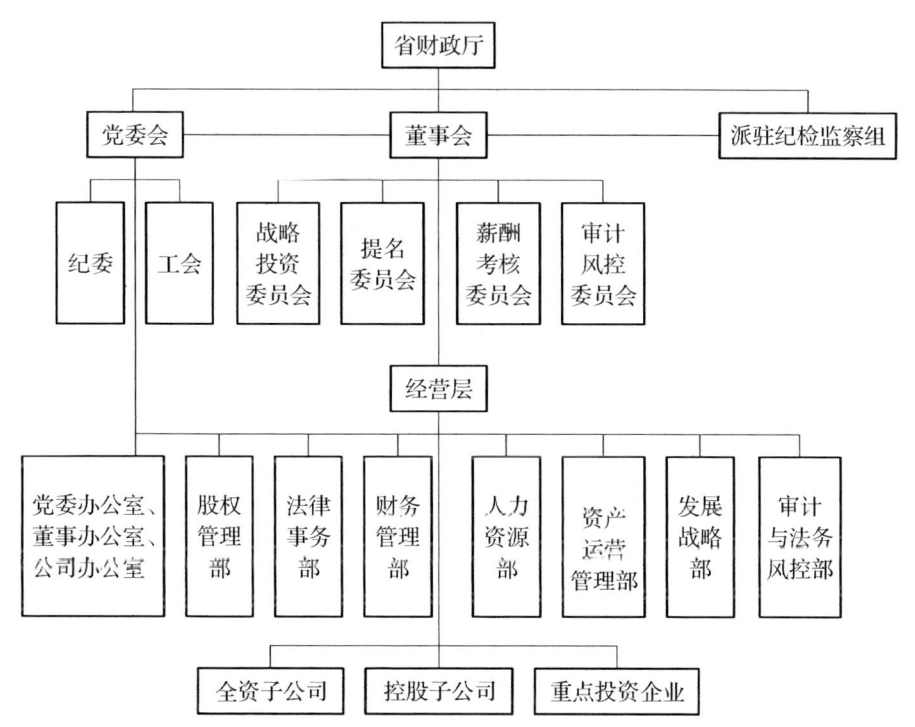

图 4-9　党政事业的国有资本运营公司职能部门的设置①

第二节　治理结构创新的方向

一、国外资本运营公司的治理结构

在此以淡马锡(在本部分简称本公司)为例子阐述国外运营公司独特的治理结构,主要包括董事会的构成具有个性。

(一)董事会组成具有个性

不少文章指出,政府公务员以及曾经在政府工作过的人可以担任或者兼任本公司的董事②。这种背景的关联在某种程度上体现了国资运营公司在董

---

① 以江苏省的国有资本的运营集团有限公司(江苏省国金资本运营集团公司)为例。
② 据淡马锡官网(https://www.temasek.com.sg/en/index.html),现董事会的成员中曾任政府的官员仍占多数。

事会运转中的个性。

以下的规则表明,淡马锡能够保证其董事会的自主权利和运营效率(张占奎、王熙、刘戒骄,2007):

第一,董事会的人数要遵循章程规定,新增董事可经相应程序后由董事会任命。

第二,根据担任职务时间的长短进行排序,每年退休董事会的规模为1/3的董事。

第三,董事会依据实践之需增设常务董事席位。

(二)产权链递进控制

由政府部门开始至本公司及其子、孙公司之间形成所谓递进的控制链条。这种链条将多达六层的企业组建成庞大的集团公司。

1. 财政部承担本公司的股东职责

① 本公司董事会主席任命;

② 本公司的财务报表报告审阅;

③ 本公司的企业业绩讨论会的召集;

④ 一些具有重要价值的本公司关联企业的并购、出售决策的参与。

2. 本公司的董事会职责

① 有权决定本公司在经营上所采取的方针、股利分配方面选用的政策和配股方面采用的政策;

② 完全地自主决定投资的决策、资金的使用。

3. 本公司子公司的董事会的职责

① 负责子公司决策和管理子公司相应的经营活动;

② 本公司通过向子公司委派董事、保留子公司重要产权运作决策以及重大资金调度审批等方式进行监管。

4. 低于子公司层次的企业监管

① 低于子公司层级的企业在组织架构上与本公司无直接关联关系;

② 本公司依据产权链条递进管控(胡钰,2014;王建文,2018)。

(三)制约系统

本公司的制约系统由产权制约、内部治理与市场竞争三种方式构成。

1. 产权制约

通过产权控制链条达成国家政府部门到本公司以及本公司之下的若干层次公司之间的组织架构,同时,无论是政府部门还是本公司,均遵循股东职责

2. 内部公司治理

本公司层面以及政府部门与本公司之间的关系、本公司与下属公司之间的关系应遵循内部公司治理原则。

3. 市场竞争

归属于本公司直接或者间接控制的其他企业的发展接受产品、资本以及经理人市场制约。一些服务于国家层面的战略和安全需要的企业属于独资垄断，其他企业则在市场上与其他企业接受公平竞争。

二、现有的省级资本运营公司的治理结构

根据浙江省的国有资本运营公司、上海国盛集团、重庆渝富公司、山西省的国有资本投资运营公司、安徽省的国有资本运营公司、云南省的国有资本运营公司、天津的国有资本投资运营公司以及内蒙古的国有资本运营公司的组织架构图可以看出，现有的省级国有资本运营公司的公司治理结构相对完善，包括党组织、董事会、经理层以及监事会，不过，在监事会的地位、董事会的专门委员会的设置方面存在一定的差异（见图4-1至图4-8）。

三、规范公司治理结构的制度的演变趋势

1. 完善法人的治理结构

根据国办发〔2017〕36号文，也就是有关国企法人治理结构如何进一步完善的文件认为，当前，多数的国有企业已经有了现代企业制度架构。不过实践中，这种制度并不成熟，甚至一些企业还没有有效的治理结构，权责约束和制衡关系均没有理清楚；一些公司的董事会形同虚设，不能够发挥应有的作用。与此相对应，相关的省份下发了此文件的配套实施文件（如苏政办发〔2018〕103号），并启动了相关工作。

2. 履行出资人职责的机构的职能调整

国资监管越位、缺位、错位问题在现实中仍然大量存在，这说明监管机构在职能定位上需要大力变革，需要从国家层面建章立制，否则要求监管机构进行职能转变几无可能。在此背景下，才有了国家层面的国办发〔2017〕38号文强调管资本为主促进转变职能的要求。与此相对应，各地下发了此文件的配套实施文件（如苏政办发〔2018〕104号）。

3. 国有资本运营公司的治理结构安排

根据国发〔2018〕23号文的规定，国资运营公司没有股东会这一架构，其职责归属于特定政府或国资监管机构，当然，后者也可以将部分职权让渡或者是

授权给国资运营公司的董事会来行使。

国资运营公司应该有党组织、董事会以及经理层的设置,这一方面符合现代企业制度精神,另一方面也是公司治理中权责对称、制衡与协调机制正常运行之需。这也会进一步确保党组织起领导作用、董事会执行决策职能以及经理层负责经营与管理职责的实现。

4. 监事会设置的调整

根据 2018 年有关国家和党的组织机构改革政策的规定,原属于国务院的国有资产监督管理委员会的部分职能被调整,也就是审计署接收国企干部经济责任审计职责以及重点大型国企监事会职责,构建统一、高效的审计监督体系。不再设立国有的重点大型企业的监事会。

从《深化党和国家机构改革方案》、国发〔2018〕23 号文的规定来看,国有的资本运营公司不设监事会。国办发〔2017〕36 号文强调企业的法人治理结构应进一步完善;国办发〔2017〕38 号文则强调国有资本出资人代表机构的监管职责范围的调整问题。

四、党政事业的运营公司治理结构的探讨

(一)党组织

党的组织参与公司治理已经在《公司法》中得到了明确,同时,有关国有企业的党组织的治理效应也已经得到了相应文献的支持(陈仕华、卢昌崇,2014;马连福、王元芳等,2013;严若森、吏林山,2019;周婷婷,2016;程博、宣扬等,2017)。此外,一些文献还研究了"讨论前置"安排的问题(强舸,2018)。

1. 制度的规定

国发〔2018〕23 号文中有关党组织的要点及其内容见表 4-1。国办发〔2017〕36 号文中有关党组织的要点及其内容见表 4-2。

表 4-1　国发〔2018〕23 号文规定的有关党组织的要点及其内容

要　点	要点的内容
党组织的作用	把握两类公司方向、管理两类公司大局、保障两类公司决策落定
党负责管干部	党负责管干部和董事会负责选择干部、经理层负责使用干部相结合
党组织与治理层在人员安排上的关系	遵循党组织与治理层双向进入和交叉任职的原则

续表

要　点	要点的内容
兼职	党组织的书记、董事长实行兼任
决策的程序	对于重大的经营与管理事项,董事会、经理层的决策建立在党组织研究讨论的基础上
派驻的纪检组	纪检与监察的机关向两类公司派驻纪检与监察的机构

注:根据国发〔2018〕23号文进行整理。

表4-2　国办发〔2017〕36号文规定的党组织的要点及其内容

要　点	要点的内容
党组织的工作方式	将党建工作的总体要求纳入国有企业的章程,明确在企业的决策、执行和监督的各个环节中的党组织的权责和工作方式,使党组织成为企业法人治理结构的有机组成部分
个人事项的报告	国有企业的董事、监事和经理层中的党员每年要定期地向党组(党委)报告个人的履职和廉洁与自律的情况
纪检组长的委派和轮换	上级党组织对国有企业的纪检组组长(纪委的书记)实行委派的制度和定期进行轮岗的制度
纪检组长列席会议	纪检组的组长(纪委的书记)可以列席董事会和董事会的专门委员会的会议
领导体制	坚持和完善进入双向、任职交叉的领导的体制
兼职	党组(党委)的书记、董事长需兼任,推进中央企业的党组(党委)的专职的副书记进入董事会
党组织在选人上的作用	在董事会选聘经理层的成员的工作中,上级党组织及其组织部门、国有资产的监管机构的党委应当发挥标准的确定、程序的规范、考察时参与、人选的推荐等方面的作用

注:根据国办发〔2017〕36号文进行整理。

2. 党委的规模与结构

从现有的省级国有资本运营公司治理结构中的党组织的规模及其构成来看(见表4-3、表4-4和表4-5),董事长、党委书记通常兼任,副总裁、总会计师等符合条件的也是党委成员。

有关党政事业的国有资本运营公司的党组织的设置,需要遵循国发〔2018〕23号文、国办发〔2017〕36号文以及特定的省份如江苏省的现有文件与党组织文件的规定;应有明确的议事规程。在党委、董事会与经理层的决策关系上,应明确各自的权责,落实制度的规定。避免在调研中所发现的现实中一些国企存在的"一会多开"以及"多会一开"的现象①。

表4-3 现行的省级国有资本运营公司的董事会、监事会、管理层的人数分布

公司名称	内部董事	高管	监事	子公司数
浙江运营公司	董事5名,董事长1名	不详	监事2名	22家
上海国盛	董事2名,董事长1名	不详	监事2名	45家
重庆渝富	董事2名,职工代表董事1名,董事长1名,董事兼总经理1名	不详	监事会主席1名,职工代表监事2名,监事2名	27家
山西投运公司	不详	不详	不详	27家
安徽运营公司	董事长1名,董事2名,董事兼总经理1名	不详		32家
云南运营公司	董事长1名,副董事长1名,5名董事	不详	监事6名	50家
天津投运公司	董事长(总经理)1名,5名董事	副总经理2名	监事5名,监事会主席1名	9家
内蒙古运营公司	董事长(总经理)1名,8名董事	不详	监事4名,监事会主席1名	11家
湖南资管公司	董事长(总经理)1名,2名董事	不详	监事6名	26家

注:根据天眼查数据进行整理。统计截至2019年2月。

表4-4 现行的中央层面上运营公司的董事会、监事会、管理层的人数分布

公司名称	董事	党委	高管	内部监事
中国诚通控股集团有限公司	董事、党委副书记、总裁1人,外部董事4人,职工董事1人	董事、党委副书记、总裁1人,党委副书记1人,党委委员、副总裁3人,党委委员、总会计师1人,党委委员、纪委书记1人	董事、党委副书记、总裁1人,党委委员、副总裁3人,副总裁1人,党委委员、总会计师1人	不详

---

① 有的研究发现,党委会和董事会采用进入双向、任职交叉会增加企业的代理成本,党委会与监事会、高管层采用"进入双向"可以显著地降低代理成本;党委副书记兼任董事长或监事长或总经理有助于抑制代理成本的产生(王芳、马连福,2014)。一些文献指出,党委会的成员既有动机又有能力将其自身社会性的目标或政治的目标内部化到其控制的公司中。比如,积极参与地方经济的建设和投资,帮助政府降低失业率(Fan et al.,2007)等。

续 表

公司名称	董事	党委	高管	内部监事
中国国新控股有限责任公司	党委书记、董事长1人,副书记、副董事长1人,副书记、董事、总经理1人,5名外部董事,工会主席、职工董事1人	党委书记、董事长1人,副书记、副董事长1人,副书记、董事、总经理1人,党委委员、纪委书记1人	副书记、董事、总经理1人,总会计师1人,副总、董秘1人,副总1人,工会主席、职工董事一人,总法律顾问1人	不详
中国投资有限责任公司	副董事长、总经理1人,独立董事2人,非执行董事5人,职工董事1人	副董事长、总经理1人,监事长1人,副总经理5人,纪检监察组长1人,首席风险官1人	不详	监事长1人,监事3人,职工监事1人

注：根据公司网站信息进行整理。统计截至2019年2月。

表4-5 现行的省级国有公司的董事会、监事会、管理层的人数分布

公司名称	董事	经营层	监事	党委
江苏国信集团有限公司		总经理、董事1人,委员副总4人	不详	党委书记董事长1人,副书记、总经理、董事1人,委员纪委书记1人,委员副总4人,副书记、工会联合会主席1人,委员1人
江苏交通控股有限公司	董事长1人,董事、总经理1人,董事5人	不详	监事3名	不详
江苏苏豪控股集团有限公司	党委书记董事长1人,总裁副书记董事1人,外部董事3人,专职外部董事1人,职工董事1人	总裁副书记董事1人,委员、副总裁5人	不详	党委书记董事长1人,总裁副书记董事1人,委员、副总裁5人,副书记1人,委员、纪委书记1人

注：根据天眼查、网站资料进行整理。统计截至2019年2月。

在调研中,学者文宗瑜建议,书记一正一副。党委成员应满足：① 人员尽可能不扩大化；② 尽可能让非专业人士做①。

---

① 根据江苏省财政厅组织的与文宗瑜教授座谈会的材料进行整理。

(二) 董事会

1. 规范董事会的制度

(1) 国发〔2018〕23 号的规定

国发〔2018〕23 号文中规定的董事会的要点及其内容见表 4-6。

(2) 国办发〔2017〕36 号文

国办发〔2017〕36 号文中规定的董事会的要点及其内容见表 4-7。

(3) 公司法

《公司法》第四十四条规定,国有的独资公司的董事会规模为 3~13 人。

(4) 其他制度

表 4-6　国发〔2018〕23 号文中关于董事会的要点及其内容

要　　点	要点的内容
组成	董事会的成员身份包括执行、外部和职工,成员人数要不低于 9 人①
	董事会中董事长 1 名,可以设置副董事长这一职位
外部的董事、职工董事的选聘	外部的董事应在董事会当中占多数,由职工代表大会选举产生职工董事
分支机构	分别负责:① 战略和投资;② 提名、薪酬与考核;③ 审计和风控
委派与指定	在直接授权下,政府委派董事身份有执行和外部两种;可以从董事会中指定正副董事长
	来自外部的董事的产生办法有:① 提名权在政府综合管理机构以及相关的行业主管机构;② 担任者为专业人士;③ 受政府委派
	分委员会主席可以由来源于外部的董事兼任,按照公司治理结构的议事规则对两类公司的重大事项发表相关领域的专业意见

注:根据国发〔2018〕23 号文件进行整理。

---

① 董事会的规模并不是越大越好(马宁,2018;陆智强、李红玉,2012;于东智、池国华,2004;谢永珍,2006),国企与非国企董事会的结构也存在显著差异(赵玉洁,2014;崔伟、陆正飞,2008)。

表 4-7　国办发[2017]36 号文中关于董事会的要点及其内容

要　点	要点的内容
本机构与其他机构的关系	本机构是决策机构;本机构执行股东会的决定并对其负责
	本机构依法依规决定企业重大事项并接受股东会以及监事会对决定过程和结果的监督
	本机构有义务与其他机构联系与沟通
本机构的职能	独资国企中本机构有选用人、薪酬分配以及其他重大事项的决策权利
	维护本机构独立性与权威性,落实本机构年报制度
	本机构具有把关决策落实、风险防范、促进改革深化等职责
	改进本机构和成员的评价办法,完善周期考核制度,促进考评和激励适应企业发展
经理层选任监管	独资国企中本机构在向党组织沟通后进行经理层选聘
	本机构能监管经理层
董事长	董事长在独资国企中不兼任总经理
	董事长在独资国企为法人代表
	董事长负责向本机构和股东报告重大风险和经营问题,承担企业发展和改革的首要责任
	董事长应按照规定向本机构报告工作
本机构与监管机构的关系	本机构中成员在独资国企中对监管机构负责,接受监管机构指导
	本机构中来自外部的成员人选由监管机构商请相应部门提名并依据规定任命
本机构议事的规则	本机构遵循集体参与审议、成员独立表决、决策责任自担的制度
	发表意见时遵循平等充分原则,表决时遵循一人一票制
	重大信息披露制度遵循:① 规范且透明;② 公开和对外
	本机构会议和提案资料保存应完整
	本机构的决议制度具备:① 应有落实跟踪;② 应有后评估环节
本机构的分支	分支机构为本机构提供决策咨询,其中,负责薪酬与考核的分支机构、负责审计的分支机构应由外部成员构成
本机构成员团队的建设	在任前和任期中需要对成员进行培训;外派成员需要任期管理
	来自外部的成员需满足:① 选聘、认定、考试以及考核程序规范、完善、严格;② 来源广泛,在相应选聘程序下国企现职负责人可转任其他企业中本机构外部成员
	建立完善的外部成员管理制度,其履职需要定期报告

续 表

要　点	要点的内容
本机构的 外部成员	独资国企要有本机构的外部成员召集人的制度
	定期从外部的成员中推选召集人
	外部成员与出资人机构应彼此沟通

注：根据国办发〔2017〕36号文整理。

根据国办发〔2017〕38号、苏政办发〔2018〕104号以及特定省份的文件①，结合特定省份如江苏省财政部门的监管实践，合理确定监管机构的监管领域大小，准确划定监管机构与国资运营公司的权责区间，有效给出监管机构的监管与责任要目。据此，确定党政事业的国有资本运营公司董事会的职责范围。

2. 本机构与履行出资人职责的机构彼此关联

在界定本机构与监管机构或者履行出资人职责机构之间关系的问题上，一是要区别两者之间的功能不同；二是要区别两者之间的市场定位不同。监管机构在国资运营公司发展方向、规则以及考核上负责把关；以本机构代表的国资运营公司为经营管理、方针战略的执行以及业绩负责。

以监督而不干预来界定两个机构的关系似乎比较贴切。可以借鉴实践中已经出现的一些做法，比如，以负面清单来界定本机构所代表的国资运营公司能做什么，该做什么。这样，能够为政企和两权分离提供可靠保障。

对国资运营公司实施有效监督的关键在于本机构的有效性以及监管机构监管手段的有效性。如何保证本机构的有效性？一是外部成员要占多数；二是本机构的分支机构要有效运转。如何保证监管机构监管手段的有效性？一是以股东身份委派股东董事；二是对国资运营公司发展战略进行核定；三是对国资运营公司章程进行管理；四是要求国资运营公司进行信息披露；五是构建经营投资责任追究制度。

3. 本机构的规模与结构

如何确定本机构规模与结构呢？一是根据制度的规定，合理地界定党政事业的国资运营公司中本机构的职能、规模、成员来源与成员结构，处理好本机构的议事规程以及专业委员会的设置。二是根据各省的国有资本运

---

① 如江苏省省级事业单位出资企业国有资产管理暂行办法。

营公司①董事会的构成分析,可以发现,董事会的规模在 3～9 人之间;通常,总裁兼董事。

根据对中诚通、中国国新、中投、江苏苏豪(控股集团有限公司)、江苏粮食(集团有限责任公司)等董事会的考察(见表 4-3 至表 4-5),课题组认为,这些公司明确设立职工董事,且董事会规模在 9 人以下,外部董事的人数大于内部董事的人数。

因此,建议省级层面上的党政事业的国有资本运营公司本机构的规模为 7 人,由 2 名执行董事、4 名外部董事和 1 名职工董事组成。党委书记兼任董事长,董事长、总经理任执行董事。职工董事由选举产生,非职工董事根据任职的条件由履行出资人职责的机构来提名和委派②。

(三)经理层

1. 规范经理层设置的制度

根据以下文件的规定,结合党政事业的国有资本运营公司的功能定位,近、中、远期的规划和实际的情况,确定经理层的规模、构成与来源、议事的规程等。

① 国发〔2018〕23 号文中,国有资本运营公司的经理层根据董事会的授权负责国有资本的日常投资与运营。董事长与总经理原则上不得由同一人担任。

② 国办发〔2017〕36 号文中经理层的要点及其内容见表 4-8。

表 4-8 国办发〔2017〕36 号文中关于经理层规定的要点及其内容

要　点	要点的内容
本层与其他治理机构的关系	本层是公司的执行机构,董事会有权聘任、解聘本层并对本层进行管理和监督
	董事会要求总经理对其负责
	总经理有权利和义务落实董事会决议、组织公司生产经营
	董事会或闭会期间的董事长可要求总经理汇报工作

---

① 包括浙江省国有资本运营有限公司、上海国盛集团、重庆渝富资产经营管理集团有限公司、山西省国有资本投资运营有限公司、安徽省国有资本运营控股集团有限公司、云南省国有资本运营有限公司、天津国有资本投资运营公司、内蒙古国有资本运营公司、湖南国有资产经营管理公司。

② 有的研究发现,党委会的"进入双向"的程度与公司的治理水平在统计关系上表现为倒"U"型的关系,与董事会的效率表现出正向相关,而"任职交叉"这一安排可以显著地影响公司的治理水平,但董事长担任党委的书记不利于公司的治理水平的提高(马连福,2012)。

续 表

要　点	要点的内容
对本层授权和激励	以制度为基础对本层进行授权
	对本层实施任期与契约管理
	本层职业化应与企业产权结构、市场化程度相匹配
	本层薪酬具有以下特征：① 差异化；② 与本层成员选任方式相适应；③ 与企业经营业绩相适应；④ 与企业性质和功能相适应；⑤ 与市场化方式相适应
本层职业化的制度	本层实施职业化的特征：① 内部培养和外部引进相结合；② 本层成员身份与职业经理人身份可以转换
	委派总会计师

注：根据国办发［2017］36 号文进行整理。

2. 经理层的设置

根据中央、各省的国有资本运营公司（见表 4-3 与表 4-4）[①]经理层的规模的统计，其在一正二副至一正五副之间。根据党政事业的国有资本运营公司的功能定位和发展规划，选择一正四副配置。可以考虑如下的方案：

① 经理层 5 名，设总经理 1 名，副总经理 3 名，财务总监 1 名，根据任职的条件，由履行出资人职责的机构按照市场化的方式进行选拔、考核、委派。

② 经理层 5 名，设总经理 1 名，副总经理 3 名，财务总监 1 名，由省委组织部门按照省管干部的管理权限进行委派。

③ 经理层 5 名，设总经理 1 名，副总经理 3 名，财务总监 1 名，采取省委组织部门的考察任命与市场化的选聘相结合的方式进行委派[②]。

（四）对 23 号文中领导班子规定的认识

国发〔2018〕23 号文中规定，国资运营公司班子受哪一级党委管理取决于直授还是间授方式以及原先的管辖关系。直授方式下，国资运营企业班子受

[①] 中国诚通控股集团有限公司、中国国新控股有限责任公司、浙江省国有资本运营有限公司、上海国盛集团、重庆渝富资产经营管理集团有限公司、山西省国有资本投资运营有限公司、安徽省国有资本运营控股集团有限公司、云南省国有资本运营有限公司、天津国有资本投资运营公司、内蒙古国有资本运营公司、湖南国有资产经营管理公司。

[②] 新建的企业不存在所谓的空降兵与原有的团队之间的冲突（刘学，2003）。应注意的是，高管的不同来源与特征在治理的效应上存在差异（刘美芬，2019；钟熙、宋铁波等，2019；陈仕华、卢昌崇，2017；陈仕华、卢昌崇等，2015；张霖琳、刘峰等，2015）。

中央或地方党委管理；间授方式下，国资运营企业班子与其组建运营公司前受管辖关系一致。

根据上述规定，需要关注党政事业的国有资本运营公司属于新建方式，在授权的模式上选择差异而导致的干部管理的权限（改组设立、新建）、党委管理（间接的授权模式、直接的授权模式）等规定所要求的差异。

第三节 监督机构与机制的搭建

一、制度规定

（一）国发〔2018〕23号文

1. 出资人监督

① 间授方式。根据国发〔2018〕23号文（见表4-9），有几点可以明确：一是授权链条，从上到下是政府到国资监管机构再到国资运营公司，然后到所属企业；二是履行出资人职责，分别是政府、国资监管机构和国资运营公司；三是一个企业适用一个政策的授权原则；四是监管机构需要列出监管要目（清单）和责任要目（清单），这些要目体现了监管内容和方式；五是监管机构负责对国资运营公司考评；六是监管机构负责定期向同一级政府汇报国资运营在保障国家战略、资本保值和增值上的完成情况。

表4-9 国发〔2018〕23号文规定的监督工作会商机制的要点及其内容

要　点	要点的内容
监督会商系统构成	会商系统中主体的构成包括：① 出资人监管或者说监管机构监管；② 审计；③ 纪检监察；④ 巡视
	会商系统中的时序控制包括：① 制度规范挺在前；② 重点在事中监控；③ 问责防范置于后
	会商系统中的常态化机制包括：① 常态化内部监督；② 常态化审计机制；③ 常态化信息公开制度
	会商系统的工作重点包括：① 权力配置比重大的部门和岗位；② 资金分布密集的部门和岗位；③ 资源相对配置偏重的部门和岗位；④ 资产拥有比重大的部门和岗位
	会商系统中信息披露的要求是不涉密、依法规、及时和准确。披露内容的构成包括：① 内部治理；② 管理与组织架构；③ 国资运营情况；④ 关联方交易；⑤ 负责人薪资等

续表

要　点	要点的内容
纪检与监察部门	纪检监察的对象包括：① 党组织；② 董事会；③ 经理层
	纪检监察的内容包括：① 廉洁从业；② 行使权力
评价考核绩效	考核评价人：政府或监管机构
	考评内容包括：① 贯彻国家战略；② 落实国资布局目标；③ 国资布局结构优化；④ 法规、制度和章程落实情况；⑤ 重大问题的决策；⑥ 重要干部的任免；⑦ 国资运营的效率；⑧ 国资保值与增值；⑨ 财务效益

注：根据国发〔2018〕23号整理。

② 直授方式。在这种方式下，授权链条从上到下的顺序是政府到国资运营公司再到所属企业；负责向出资人（即政府）汇报的是国资运营公司，汇报的主要内容同间授方式，不过在间隔上是年份长度，要求重大事项迅速报告；此外，对国资运营公司的考评也是政府的权力。

2. 建立监督工作的会商的机制

具体内容见表4-9，不再累述。

（二）国办发〔2017〕36号文

主要涉及监事会及其外派的监事、职工的代表大会与职工的董事以及责任追究的制度等要点（见表4-10）。

表4-10　国办发〔2017〕36号文规定的监督工作会商机制的要点及其内容

要　点	要点的内容
监事会及外派的监事	监事会对董事会、经理层的成员履职进行监督
	监事会的有效性在于独立和权威，其中专职监事数应有明确要求
	监管机构对被监管企业进行外派监事会安排
	外派监事会的工作内容包括：① 企业财务活动督察；② 重大决策检查；③ 关键业务环节监管；④ 董事会、经理层履职检查
	外派的监事会不参与和干预企业自主经营管理
职工代表大会与职工董监事	职工代表大会健全
	独资国企的董监事会有职工董监事

续 表

要 点	要点的内容
责任追究的制度	责任追究制度的要求包括：① 责任意识；② 权责边界；③ 与履职相适应
	董监高的要求包括：① 遵纪守法；② 有忠实与勤勉义务
	董监高信用记录纳入信用平台管理
	董事会会议其成员须出席且对决议担责
	董事担责包括：① 董事会决议违法、有违章程或股东会决议；② 企业遭受严重损失
	高管担责包括：① 高管有违法规或章程；② 企业遭受损失
	执董和高管担责包括：① 重大经营问题报告不及时或不报告；② 经营风险报告不及时或不报告
	党组成员担责包括：① 履职中有重大的失误；② 失职；③ 渎职
	容错与纠错机制

注：根据国办发〔2017〕36号文进行整理。

（三）国办发〔2017〕38号文

国办发〔2017〕38号文中监督工作会商机制的要点及其内容见表4-11。

此外，国务院令第378号《企业国有资产监督管理暂行条例》、中华人民共和国主席令第五号《中华人民共和国企业国有资产法》，以及特定省份的规章如《江苏省省级事业单位出资企业国有资产管理暂行办法》等文件也，对监事会做出了相应的规定。

表4-11　国办发〔2017〕38号文规定的监督工作会商机制的要点及其内容

要 点	要点的内容
监管机构	监管机构权力和责任要目
	监管工作涉及的制度体系
	监管内容包括：① 国资布局优化；② 资本运作规范；③ 资本回报提升；④ 资本安全保障
	监管效能包括：① 监督力量充实；② 监督机制完善；③ 追究责任要严格；④ 国资流失防范；⑤ 制度执行督查；⑥ 国资重大损失调查处置监督；⑦ 监督成果与业绩考评挂钩；⑧ 监督成果与薪资分配挂钩；⑨ 监督成果与人员任用挂钩

续 表

要 点	要点的内容
外派监事会	监督体制以及机制完善
	作为出资人监督的专门力量
	监督重点包括:① 企业财务;② 重大决策;③ 国资流失潜在事项和关键环节;④ 董高履职合法合规情况
	监督时效性包括:① 当期;② 事中
	外派监事会建议权包括:① 纠正违规决策;② 罢免领导人员;③ 调整领导人员
	履职记录制度包括:① 可追溯;② 可量化;③ 可考核;④ 可问责
责任落实严格	责任追究制度包括:① 经营有违法规;② 投资有违法规
	责任倒查力度;责任追究力度
	投资与经营责任体系包括:① 权力与责任清晰;② 约束有效
	责任落实手段包括:① 组织处理;② 经济处罚;③ 禁入限制;④ 党政处分;⑤ 刑事责任

注:根据国办发〔2017〕38号文进行整理。

(四)公司法

《公司法》第七十条规定,国有的独资公司监事会的成员不得少于5人,其中,职工代表的比例不得低于1/3,具体比例由公司的章程来规定。

在上述文件的基础上,探讨党政事业的国有资本运营公司监督机构的类型,包括履行出资人职责的机构、党纪检组、审计与监督、《公司法》规定的履行监事会职能的机构或人员;明确监督的体系,包括人大与政府、政府与国资监管的机构、履行出资人职责的机构与国有资本的运营公司(两级授权情况下是运营公司直接向政府进行报告),以及国有的资本运营公司与所持股企业的监督的关系。思考履行出资人职责的机构对党政事业的国有资本运营公司的监管(三级授权,如果是两级授权,就是政府对党政事业的国有资本运营公司的监管)以及履行出资人职责的机构对党政事业的国有资本运营公司的考核(三级授权,如果是两级授权,就是政府对党政事业的国有资本运营公司的考核)。

二、监督的机构与监督的机制

1. 是否设置监事会

《公司法》的第七十条规定,国有的独资公司监事会的成员不得少于5人,其中,职工代表的比例数不得低于1/3这一要求,具体比例由公司的章程来规定。根据苏政办发〔2018〕103号文,监事会是公司内设的监督机构。监事会是公司常设的机构,负责监督公司的日常经营活动以及对董事、经理等人员违反法律、章程的行为予以指正。

2018年3月,中共中央印发了《深化党和国家机构改革方案》。按照这一方案的规定,将国务院的国有资产监督管理委员会的两项职责,即国有企业的领导干部经济责任方面的审计和国有的重点大型企业监事会的职责划入审计署,构建统一、高效的审计监督体系。不再设立国有的重点大型企业监事会。

应该指出的是,一方面,监事会与公司其他机构相比,是各国的公司法和不同的公司中差别最大、变化也最大的组织机构(谢靖宇、蔡奕,2012)。鉴于公司法有相应要求,且审计部门从职能上来看,与公司内设的监事会并不矛盾。党政事业的国有资本运营公司也可以内设监事会,作为监督的机构。

另一方面,如果考虑公司法可能会进一步修改,明确国有的独资公司不设或者可以不设监事会;也可以将监事会的职能归并到派驻的纪检和监察组以及内设的审计部门[①]。

2. 监督的机制

从监督的机制上来看,建议进一步健全和优化全面的风险防控体系。一是建议建立由监事会加审计加纪检监察加风险合规加法律事务加资金加财务等相关职能部门组成的"大监督"联席会,开展检查和监督方面的工作,实现监督信息的共享[②]。

二是建议借助信息技术的手段,建立风险管理的信息系统,将风险数据库、风险预警的指标、风险管理的流程纳入信息系统中,全面了解和掌握所持股企业的基本情况、经营的状况、项目建设的情况等,建立在线信息的反馈机制,形成通畅的信息沟通渠道。

三是建议每年编制全面的风险管理报告,由董事会对年度的风险管理工

[①] 有的观点认为,中央关于不再设立国有的重点大型企业监事会的规定,引发了国资监管权力的分配以及国企治理结构设计方面的困惑。国有的重点大型企业不设立监事会,主要是指其不设立外派的监事会,并不影响其依照法律来设立内部的监事会,进行国资监管的职能调整,也即,此调整仅仅是国家审计的职能优化,并非是社会审计职能的取消,更不是国企的公司治理职能向审计署的转移(蒋大兴,2019)。

[②] 应合理地配置出资人的代表及其相关利益者监控权配置,强化制度的约束(韩中节,2015)。

作进行最终的评价,并对各持股公司的风险管理工作进行考核,这一报告最终向履行出资人职责的机构进行备案。

第四节 经营范围的划分依据

一、资本运营的基本形式

国有资本的运营公司在大力推进存量资产资本化的运作过程中,可以通过企业进行收购行为、兼并行为、重组行为以及剥离行为等多种行为手段,实现资本的流转和资源的优化配置。国有资本的运营公司也可以通过培育企业进行上市、企业进行买壳上市、企业进行收购上市公司的控股权等多种方式,实现非上市公司资产的证券化。

1. 与企业整体整合有关的运营方式

与企业进行整体整合有关的运营方式有企业的合并、托管、收购、兼并、分立、重组以及战略联盟等(见图4-10)。企业外延式发展靠什么?其最主要的方式自然是作为收购方,实施兼并收购。

(1) 企业的重组行为

组建国有资本运营公司之后,其持有的国有资本可能散落在众多的子公司中,而这些子公司可能分布在若干行业内,需要通过重组才能达到资本运营的效率目标。从中观视角来看,通过整体整合,使得国资运营公司的子公司或者所持股企业能够进行产业分布调整,而后者的调整主要是由于子公司面临的环境在变化,或者说这些公司面临相应变局,主要是:① 经营业务链条长而广;② 产业或者产品周期存在潜在巨大变化;③ 市场发生急剧变化等。那么,如何进行相应整合呢?一是可以进行纵向调整;二是可以进行横向调整。其结果是重构了组织结构和产业布局和链条。

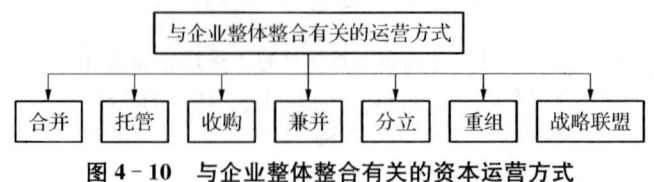

图4-10 与企业整体整合有关的资本运营方式

(2) 企业的战略联盟

构建战略联盟的本意在于,两个或两个以上的企业为了降低生产的总成本、分享相应的收益、实现研究与开发或/和进入市场等特定的战略目标,依托直接或间接的股权关系来形成共担风险、共享利益的长期的联合与合作。

2. 与资产整合有关的资本运营方式

与资产整合有关的资本运营的方式包括资产的剥离、资产的置换、资产的出售、资产的转让、资产的证券化等(见图4-11)。资产的剥离是与资产的收购相对应的行为,比如,在资产的收购中,目标方出售资产的行为属于资产的剥离行为。在国有的资本运营公司的组建过程中,若干个持股企业的股权是通过划拨方式来获得,存在先子公司后集团公司组建时面临的典型问题,即这些持股的企业现有的布局并不是在一个战略指导下形成的。因此,进行必要的资产的剥离、资产的置换、资产的出售、资产的转让是资本流转的必经步骤。

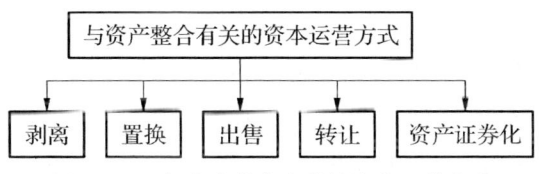

图4-11 与资产整合有关的资本运营方式

资产的证券化是指以基础资产的未来所产生的现金流作为偿付来支持,通过结构化的设计进行信用的增级,在此基础上发行资产的支持证券的过程。它是以特定的资产组合或特定的现金流为支出的基础,发行可交易证券的一种融资的形式。

3. 与股权有关的资本运营的方式

与股权有关的资本运营的方式包括:① 企业发行股票;② 企业发行债券;③ 企业进行配股;④ 企业进行股票增发;⑤ 企业进行转让股权;⑥ 企业进行送股、股票的转增、股票的回购、MBO等行为(见图4-12)。

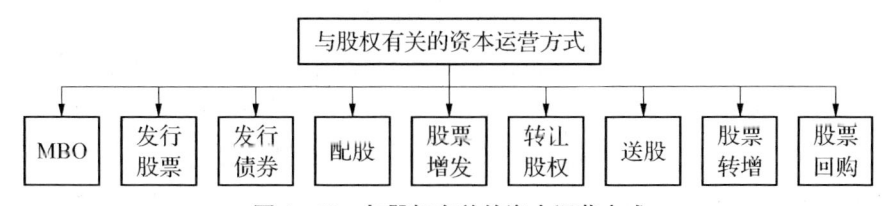

图4-12 与股权有关的资本运营方式

4. 与资本和融资有关的运营方式

如PE(私募股权)、VC(风险投资)(见图4-13)。VC主要是针对处于种子期或成长期的项目的参股投资,VC机构如IDG、软银、联想投资等。PE投资主要是针对处于成熟期的项目或 PRE-IPO 的项目的参股投资等。

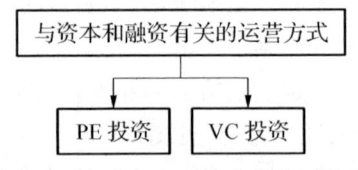

图 4-13　与资本和融资有关的运营方式

5. 与经营活动有关的运营方式

如 BOT 和 BT 以及特许经营等（见图 4-14）。BOT 即英文 build、operate 和 transfer 的缩写，是指三个环节（建设—经营—转让）集于一身的形式。这种形式是非国有企业或者私有企业参与建设基础设施从而积极向社会公开提供公共服务的主要形式。一般称之为"特许权"，是指政府或政府部门以某个基础设施的项目与私营企业或项目公司签订特许权的协议，授予签约方的私营企业（包括外资企业）来承担该项目的投资、融资以及建设和维护，在协议规定的允许区间内，同意其进行融资建造（建筑）和运营指定的共用性质的基础设施，同时，同意其通过售卖产品劳务来偿还相应的贷款，收回相应的原始投资并挣得相应的利润。政府对这一基础的设施有相应的监督权和调控权。在特许期满时，签约方的私营企业将该基础设施以无偿的方式或有偿的方式移交给政府的相关部门。

图 4-14　与经营活动有关的资本运营方式

BT 即英文 build 和 transfer 的缩写，是指建设和转让两个环节集于一身的形式。这种方式本质上是筹资或者融资方式，作为筹资主体的政府为了非营利建设的需要，从民间或者非政府手中融资来进行基础设施项目建设。BT 模式是 BOT 模式的一个变换的形式，后者指一个项目的运作通过项目公司来总承包，待融资和建设环节验收合格后再移交给使用方，使用方向投资方支付项目的总投资加上合理的回报的过程。

特许经营是指通过签订合同与协议，特许人将有权授予被特许人使用商标、商号和经营模式等与经营相关的资源，被特许人按照合同与协议的约定在统一经营的体系下从事相应的经营活动，并向特许人支付特许的经营费。

二、现有的省级资本运营公司的业务

对现有的省级层面上的资本运营公司业务的板块或主营的业务进行梳理后发现(见表4-12与续表4-12),一些国有的资本运营公司的经营范围除了资本的运营外,还包括关于资本运营的研究、产业的投资等业务。

表4-12 现有的省级资本运营公司的业务板块或主营业务

名称	业务板块		类型
浙江运营公司	资产的运营	主动承接省级政府、省级国资委划转的各类省属的国有存量资产,针对资产的状况进行分类,在此基础上开展管理与运作,通过运用企业的整合和重组、企业处置变现、资产的证券化以及管理提升等手段,盘活省属的存量资产,推动存量资产的合理流动和布局的优化	资本的运营、资本运营的研究
	股权的管理	根据省国资委的决定和授权,国有股基于市场进行价值管理以达成国资布局结构的调整和价值的提升	
	基金的管理	运用产业基金等模式,引导社会资本来支持和推进省属的企业进行转型和升级,促进省级层面上经济的发展	
	资本的运作	对市场化的资本运营的工具进行相应的创新,拓宽融资的渠道,打造投资和融资的平台	
	产业的研究	围绕省级国资和国企的整体性的布局和规划,以专业研究的精神,对国内外的资本市场、省内外的国资和国企的改革动态、省属的国有经济的布局结构等进行研究分析及时地跟踪,为省级国资和国企全局性的资本运作的顶层设计进行建言与献策	
上海国盛	股权的运作	股权的流动注重工具创新,资源的配置注重投资的布局,改革服务注重丰富功能的要求	资本的运营、产业的投资
	产业的投资	以市场化的方式来完成市级行政分配的战略性的投资任务,聚集优势的资源推动相关的产业进行集群发展,推进上海产业结构的升级和培育战略性的新兴产业以及促进科创中心的建设	
	资产的整合处置	发挥价值的管理运作载体的功能,加强资产重组与整合的顶层设计和前瞻性的配置布局,通过资产的置换、资本化的运作和管理的提升等多种方式,有序地推进重组与整合,清理退出一批企业,不断提升集团资产的质量和流动性,促进国有资产效益的改善和价值的提升	

续表

名　称	业务板块		类　型
重庆渝富	股权投资	以价值规律和市场为导向,重点投向金融、战略性新兴产业和其他有投资价值的领域	资本的运营
	基金管理	依据价值化和市场化以及资本化的行动理念,以项目的风险与市场的偏好为依据来设计交易的架构,业务的范围包括:针对战略性新兴产业的直接股权投资、主导型PE基金的创设与管理以及财务性的股权投资	
		以科学的投研体系为依靠,探寻有科技创新和产业带动能力的优秀企业和项目;以高效的管理服务来促进被投企业经营业绩的提高和向更高层级的资本市场进行跨越;执行严格的风险控制,合理运用多种资本运作的手段来兑现投资的回报,最终达到服务政府的战略、保持资本的增值、实现市场化回报的目标	
	资本运营	资本的运作,资产的证券化,收购与兼并	

注:根据公司网站、天眼查、启信宝、水滴信用等信息源进行整理。统计截至2019年2月。

续表4–12　现有的省级资本运营公司的业务板块或主营业务

名　称	业务板块		类　型
山西投运公司	资本的运营	以资本的运作为主要的手段,运用多个类型的金融工具,实现对持股上市公司在国有资本方面的进退和流转,促进国有资本的合理流动和配置的优化;使用市值管理的手段,实现持股上市公司的创造价值、实现价值以及经营价值,推动相应上市公司的市值管理工作,提高相应国有资本的证券化的水平	资本的运营
	投资的业务	以国有资本的布局的优化、产业竞争力的提升为目标,指导出资企业进行编制年度投资业务的指引,分别从投资前、投资中、投资后的三个阶段履行股东的职责,进行相应的监督和管理	
		通过开展投资和融资、产业培育和资本的运作等活动,发挥投资的引导和结构调整的作用,推动产业的集聚、化解过剩的产能和产业的转型与升级,培育经济转型发展的增长机会	
	股权的管理	积极履行出资人的职责,对所出资的企业以资本为纽带,以产权为基础,依法行使股东的职责,维护股东的合法权益,以出资的金额为限承担有限的责任,按照责与权对应的原则切实承担起优化国有资本的布局、提升国资运营效率以达成保值和增值的责任; 督促出资企业完善法人治理的结构,协助出资企业建立现代化的公司治理体系	

续 表

名　称	业务板块		类　型
安徽运营公司	国有资产的运营处置、国有股权的管理、国有资本的投资和融资		资本的运营
	负责充实省社保基金划转来的国有股权的运营和管理		
	通过相应的基金平台集聚并引导社会的资本进入国有资产布局调整的重点行业,促进省属的企业转型与升级以及创新活动		
云南运营公司	投融资	对融资的手段进行创新,从多渠道来筹集发展的资金,支持省重点项目的实施及省属企业的发展。以"一带一路"国家战略为机遇,进一步构建起境外的融资体系,对接境外的资本市场,吸纳境外的资金参与到经济的建设活动中	资本的运营
		充分地发挥公司下属的投资平台的功能,坚持市场化的形式,围绕公司的战略,按照省委和省政府以及省国资委的战略安排,强化具有特色和优势的产业及战略性新兴产业的孵化与培育,促进相关的产业链的整合,推动省域内的产业结构的转型与升级	
	股权的管理	稳妥地接收省级政府与省级国资委划转的国有股权,代表省级的国资委对其进行管理与运营,通过专业化的资本运营,实现国有股权的合理流动,推进股权的有序运作,开展价值的管理,促进国有资本的保值和增值	
	资产的管理	实行资产的分类管理,不断拓展资产项目的来源,运用多样化的不良资产的处置手段,通过管理来提升和包装以及重组与资产证券化等多种手段,来促进国有资产效益的改善和价值的提升,促进混合所有制经济的发展	
天津投运公司	投行	发挥国有资本的引领和放大以及带动的作用,依托团队的专业能力,围绕投资与融资以及产业的培育和资本的整合,参与上市公司的重组、产业并购、IPO与增发、资本市场的投资、二级市场的投资,推动产业的集聚和转型升级,优化国有资本的结构	资本的运营
	基金的业务	以国有资本运营的平台为基础,依托行业领先的机构,引入社会资本,发起设立产业投资的母基金,参与战略性投资和FOF(即基金中的基金)的投资,在消费和科技金融、大数据以及人工智能、互联网经济与TMT(科技、媒体和通讯)等新兴行业中进行布局	
内蒙古运营公司	资本的运营	股权的管理,资本的运营,不良资产的处置,投资与融资	资本的运营

注：根据相应公司网站、天眼查、启信宝、水滴信用等信息源进行整理。统计截至2019年2月。

三、党政事业的运营公司运营方式的设想

党政事业的国有资本运营公司的总部层面上作为资本配置和资本运作的中心，通过公司治理的机制，对所出资企业履行出资人的职责，行使股东的权利。确定所持股企业的战略规划，通过预算、决算等财务的手段，对资本运营的效果进行管控，但对所持股企业的具体经营不予干涉。其具体的运营方式包括：发行股票和债券，资产的剥离、置换、出售、转让以及证券化，收购与兼并以及重组和战略联盟，等等。

第五节 盈利模式的选择

一、运营公司的盈利点与盈利模式

此节采用一项调查数据来支撑相关观点。这项调查包括以下要素：① 被调查者包括24家资本运营或者投资公司；② 被调查者分布在京、津、沪、渝、鲁、粤等等12个省(市)(见图4-15)。调查结果表明，两类公司已经具备：① 主业明确，主要有股权运营、产业投资、在创新方面进行融资、资产管理；② 通过探索和实践，已经形成了融与投、管与退的闭环运营模式[①]。

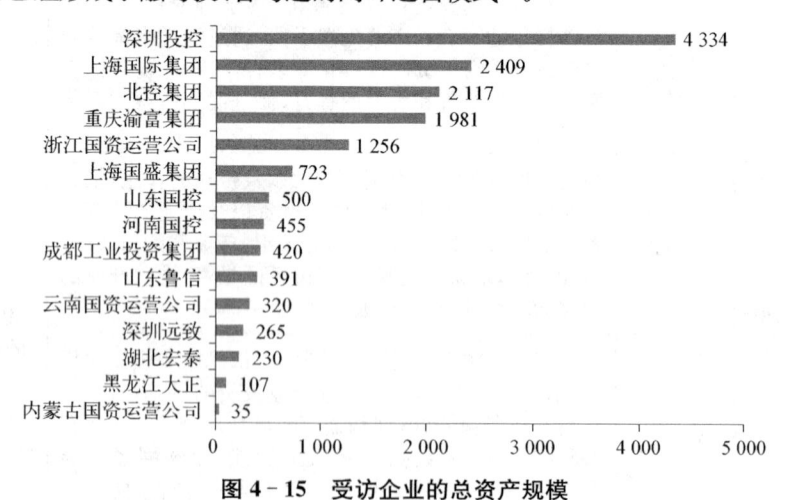

企业	总资产
深圳投控	4 334
上海国际集团	2 409
北控集团	2 117
重庆渝富集团	1 981
浙江国资运营公司	1 256
上海国盛集团	723
山东国控	500
河南国控	455
成都工业投资集团	420
山东鲁信	391
云南国资运营公司	320
深圳远致	265
湖北宏泰	230
黑龙江大正	107
内蒙古国资运营公司	35

图4-15 受访企业的总资产规模

---

① 根据国资智库《地方国有资本投资运营公司发展现状与趋势展望——基于12省市国有资本投资运营公司的调查分析》进行整理，源自 https://www.sohu.com/a/127717402_481760。

（一）筹资兼具直间接结合方式

具体调查数据表明，两类公司能够使用直接或者间接筹资方式，具体是：① 采用股权融资形式大致 20%，比如，云南国资运营、黑龙江大正投资和重庆渝富等 3 家企业均是使用了这一形式；② 采用 ETF（交易性开放式指数基金）以及可交换债等等其他筹资方式的企业也有一些，大致在 15% 以下。

不过，从整体上看，两类公司是以债权而不是股权融资占主体，这说明在筹资创新方面的手段还是存在诸多的不足。这说明，股权融资有待深化创新的空间大。

（二）以战略性、直接投资的方式为主

从两类公司的定位来看，有两个：① 市场化主体；② 功能性任务主体。定位决定了业务范围，因此，两类公司业务可以分成两类：一类是政策性业务；另一类是市场化业务。调查数据表明，市场业务方面的财务投资大致占企业总数的 70%，从事政策性业务的企业大致占受访企业总数的 57%。

就筹资方式中的股权投资进行分析，大致可以看出直投为主，表现为两种股权筹资为辅，即母基金加子基金以及股权投资基金方式的数量较低。调查数据表明，占被调查企业总数的 86% 的被调查企业采用直投筹资，在这其中，有 43% 的被调查企业选择非直投方式。

上述数据表明，两类公司内源融资或者说自主性投资高，杠杆外部资金或者社会资金的能力和配置效率不高。

（三）明显趋势是投资基金化

1. 超过 3 只基金的被调查企业占据企业总数的 90%

对两类公司的调查数据进行分析可以看出，设立基金是个普遍现象。有三只基金的两类公司大致有 90%，这其中又有近一半的企业有 5 只以上基金，比较有代表性的公司如上海国际、山东鲁信等等均是基金大户。

2. 基金规模百亿级以上的被调查公司占一半以上

基金管理规模大是两类公司逐步成长起来的重要标志。调查数据表明，被调查的企业中超过 50% 的企业管理的基金规模均在百亿级以上，特别是那些基金数多于 5 只的公司。即使是在百亿级规模以下的企业，也有不少在 50 亿~100 亿元之间。

3. 与私募股权基金开展合作成主流

两类公司与私募股权基金机构合作已经成为潮流。调查数据表明，86% 的被访企业已经实质或者有意愿与外部私募股权机构开展合作，其中实际合

作的接近70%。

（四）资产处置关注效能

调查数据表明，两类公司能够积极进行资产处置活动，特别是多种处置方式并用，其中，转让产权和证券化资产两种方式是众多公司的优选或首推方式。当然，其他资本运营方式在实践中也得到了相应运用。

（五）混改成为两类公司实践主旋律

1. 大力推进混改

配合国家宏观战略特别是混改政策实施，两类公司义不容辞地进行相应混改实践活动。调查显示，90%以上的两类公司参与混改实践，积极推进改革进程。多个企业进行的混改案例已经成为行业借鉴的实践样板。

2. 两类公司普遍参与区域范围内的定增活动

调查数据表明，两类公司积极参加区域范围内上市公司的定向增发活动。从参与频率来看，大多数参与一起以上，一些典型的企业如重庆渝富、上海国盛等则参与多起。

从功能性和市场性定位来看，两类公司能够一方面参与国企上市定增或并购定增活动，有利于实现政策目标；另一方面也有利于稳定市场预期，促进地方区域经济发展（罗新宇、田志友、朱丽娜，2017）。

二、现有省级运营企业的运营效率

运营效率与是否以政策性和功能性业务为主有关系。从调查数据来看，以非政策性和功能性业务为主的两类公司，特别是那些占比高的金融股权和市场化业务的企业，其净资产报酬率较高；反之，那些以政策性、功能性业务为主的企业投资者报酬率较低[①]。

三、党政事业的运营公司的盈利点与分配模式的探讨

盈利分配的基本形式有按股权的比例进行分配、按固定收益进行分配以及采用混合分配的模式等，这些方式与现行的国有资本收益管理的关系需要处理好。

---

① 根据国资智库《地方国有资本投资运营公司发展现状与趋势展望——基于12省市国有资本投资运营公司的调查分析》数据进行整理，源自 https://www.sohu.com/a/127717402_481760。

党政事业的国有资本运营公司可以采取混合分配的模式,改革相应的激励机制,分享超额的利润。集团总部首先根据所持股企业的持股比例进行收益分配;然后在原有激励报酬体系的基础上,新增超额的利润分享计划,从下属的持股公司实现的净利润与集团总部下达的"目标值"之间的增量的部分中,拿出一定的比例来奖励下属的持股公司[①]。

第六节 资本有序进退标准的确定

一、资本进退方的划分

资本有序的进退可以从资本的进退方、进退的标准、进退的程序等三个角度来研究。从进退方的角度来看,国有资本的运营公司作为进方,意味着其作为收购方(合并方)、股权划转的接收方、改制上市的增持方;相对应地,如果国有资本的运营公司作为退方,其可能作为被清算的企业股东、被破产的企业股东、公司分立的减持方、资产的出售方(或资产的剥离方,如果涉及股份股权的减持)、改制上市的减持方等。

二、决定资本进退的标准

从资本有序进退的标准来看,一是整体上需要考虑履行出资人职责的机构对国有资本运营公司的资本收益率考核的要求;二是需要考虑单个资本进退项目的个性特征,基于未来预期和现实市场条件和所持股企业实际的情况来综合权衡决定。

三、确定资本进退的程序

1. 公司的合并

公司的合并可以采取吸收合并或者新设合并。公司的合并,应当由合并各方签订相应的合并协议,并编制资产负债表及财产的清单。公司如果进行合并,那么合并各方的债权、债务应当由合并后继续存在的公司来承继;如果原先合并双方或多方被注销法人资格,则由新设的公司来承继。

根据相关的规定,公司应当在自做出合并的决议之日起规定的期限内通

---

① 国有资本的收益与预算能够影响国企非效率的投资(陈艳利、迟怡君,2015)。

知债权人,并于相应的期限内在报纸上进行公告。债权人自接到通知书之日起在相应的期限内,未接到通知书的自公告之日起规定的时间内,可以要求公司清偿债务或者提供相应的担保。

2. 公司的分立

公司分立时,其财产应做相应的分割,并应当编制资产负债表及财产清单。公司分立本质上是公司分家行为,不仅是资产,还包括债权和债务的分担;需要在相关部门或机构进行变更登记。

对于分立前的企业,其债务在分立过程中,需要债权人进行相关确认程序,比如,通过相应媒体进行公告确认,一般分立之后的企业应对分离之前的债务承担连带责任。

3. 企业清算

一般情况下,企业面临终止经营或者歇业时需要清算。清算涉及清算义务人、清算义务。清算义务人依法依规按照相应清算程序(见图4-16)对拟终止经营或者歇业企业的权益和资产进行核实、统计、审计和评估等程序后做处置;在处置之后,被清算企业与其他企业或者经济主体以前产生的权利和义务关系得到解除。

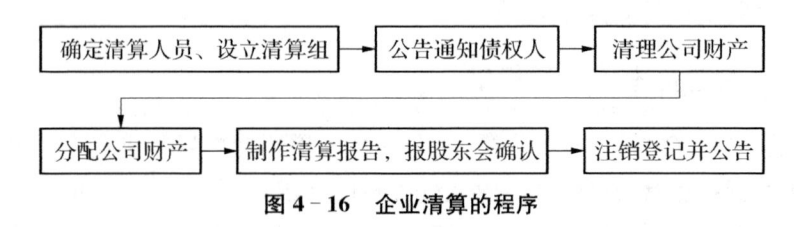

确定清算人员、设立清算组 → 公告通知债权人 → 清理公司财产

分配公司财产 ← 制作清算报告,报股东会确认 ← 注销登记并公告

图4-16 企业清算的程序

4. 企业破产

根据相关法律规定,如果企业被宣告破产,那么接下来的程序便是清算。清算之后的程序包括:① 公司被解散之后,它的各项账册及文件由履行出资人职责的机构来负责保存;② 企业登记机构需要在接收到清算报告、清算期间收支报表等基础上,做注销登记工作。

5. 资产的剥离、出售与置换

一般来说,资产的剥离通常是为了实现公司自身利润的最大化或整体性战略的目标,将其现有的某些子公司或部门或固定资产或无形资产等出售给其他的公司,从而取得现金或有价证券等形式的回报。在实践中,被处置的资产可能是不良的资产,也可能是优良的资产。资产的剥离方式包括:资产的置换以及资产的出售等形式,资产的剥离往往被视为并购失败时自救的一种方式。

资产的收购是指企业作为购买方以现金、股票或其他有价证券为对价收购卖方公司全部或实质上的全部资产而接管卖方公司的经营业务。对于卖方企业来讲,也就是资产的出售。

6. 股权的无偿划转

股权的无偿划拨是政府作为上市公司的所有者,一般通过行政的手段将上市的"壳"公司的产权无偿地划给收购公司的行为。股权的无偿划转活动是由地方的政府和行业的主管部门来牵头组织实施的,无偿划转的股权只能是国有的股权,也只能在国有资产的范围内进行相应的转让,因此,股权的变动对上市公司的持有者(出资人或者出资人代表机构)而言并没有发生相应的损失。

股权的无偿划拨具有以下特征:

① 股权的无偿划拨带有极强的行政性,政府的色彩比较突出。

② 划拨交易的成本很低,简便又易于施行。

③ 强调政府的直接参与,因此,整个过程几乎没有任何阻力,而收购的成本也接近于0。

④ 政府参与这一重组的行为的动机在于理顺相应的管理监督的体制和资本的布局,旨在打破"条"与"块"的分割的局面。

7. 改制上市

国有企业改制成股份有限公司,在符合《公司法》规定的相应条件后,股份有限公司可以按照图4-17中的程序来设立。

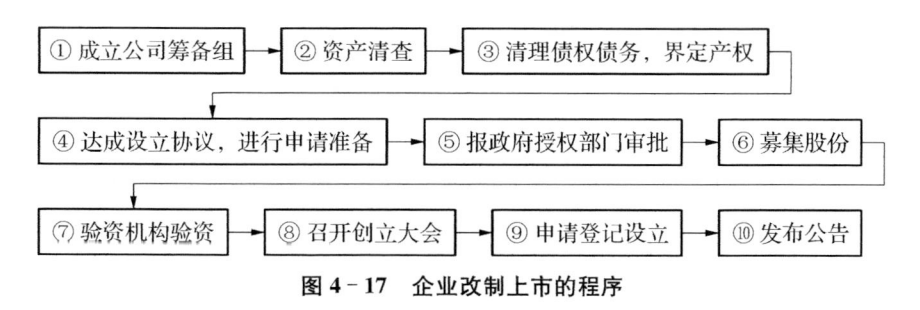

① 成立公司筹备组 → ② 资产清查 → ③ 清理债权债务,界定产权 → ④ 达成设立协议,进行申请准备 → ⑤ 报政府授权部门审批 → ⑥ 募集股份 → ⑦ 验资机构验资 → ⑧ 召开创立大会 → ⑨ 申请登记设立 → ⑩ 发布公告

图4-17 企业改制上市的程序

四、党政事业的运营公司资本有序进退的策略

党政事业的运营公司在处理好持股企业与原主管的部门、主办的单位粘连性问题的基础上,可以参考以下要点进行资本有序进退的选择:

一是给定资本流转的收益标准,如出售国有资本或买入国有资本时的相对价差带来的收益率水平;针对濒临破产的企业进行必要的重整或清算。

二是给定资本流转的产业方向,如基于横向整合,采用"合并同类项方式"实施重组行为,重构党政机关与事业单位的经营性资产的分布版图。

三是给定资本流转的合适程序,规范地进行资本运作。

四是资本进退在产权属性方向上的问题(孟庆春、王涛,2007),比如,是国退民进还是国进民退的问题(刘建华、付宇等,2011;丁任重、王继翔,2010;李政,2010;李中义,2014;周泽红,2011)。

第五章　国有资本运营公司对所持股企业的管控模式

第一节　党政事业的经营性国有资产的现状与问题

一、整体情况

以江苏省为例,据省财政厅 2018 年对省级的党政机关和事业单位的调研,在总量上,这次集中统一监管的改革涉及正在运营的企业,一、二、三级的企业共有 1 500 多家(包括省教育厅系统内的单位所拥有的企业),一、二级的企业共有 1 100 多家,包含全资和参股企业;在结构上,小而散的企业占多数,注册资本金在 5 000 万元以上的企业仅有 31 家,占企业的总数不到 2%。从整体上来看,所有企业归属于国有的净资产为 98.92 亿元(通过各家企业自报和核查取得的数据,仅供参考,省外和境外的企业未覆盖)[1]。

从企业的隶属关系来看,根据江苏省财政厅 2018 年对省级的行政与事业单位下面所办的企业进行摸底,有 970 户企业在 50 个主管部门的名下。其中,在 7 个主管部门名下的企业合计有 653 户,每个主管部门最低也有 50 户以上的企业。这些企业主要分布在地矿、华东有色等单位。

因此,从整体上来看,省级的行政和事业单位下面所办的企业存在户数多、比较分散、以小微类型为主这样的特征[2]。

从经营的性质来看,这些企业可以分为三类:一是产学研,如高校;二是事业单位,如环保质检;三是市场经营性,如为了弥补事业单位的经费不足而开创的。事业单位开办企业的目的在于,解决经费不足,本单位职工就业,并不

---

[1] "党政事业的经营性国有资产的现状与问题"这一节根据历次调研、企业实地走访以及省财政厅国资处提供的数据进行写作。

[2] 江苏省教育系统内所属的企业正在试点,所以暂时不考虑教育系统内的企业。

是真正的经营。企业虽然是股份制，但是小而散，没有董事和监事。企业管理方面也是杂乱无章，财务管理制度比较乱，企业、事业性质的人员混用。鉴于资产、人员和管理等因素的影响，导致企业潜力未发掘完全，因此，体制、机制与政策在企业发展中显得比较重要。

事业单位长期以来对企业的管理重视得不够。在调研中了解到，很多企业在产权登记后未纳入省级财政监管范围，当出现资质方面的问题时才会来找监管部门解决（比如，华东有色、地勘、农科院、水利、农委、发改委、科技厅以及高校）。

据调研得来的资料判断，大多数事业单位或行政单位所办的企业，资产并不太实，抽资的现象特别严重，注册资本后期撤走后，财务账面上依旧会存在债权。所有的事业单位或行政单位主管的下属企业大多是依托行政主管部门负责的业务和行政事业单位的业务来开拓的，因此，在推进集中统一监管的改革中，业务方面的粘连性如何解决比较关键。此外，人力资源配置问题多，解决难度大。除了事企不分等表面上可以先期解决的问题外，后期的一些问题可能比较难以解决，比如，存在退休人员补差问题，以及很多事业单位会存在兼职情况，所以人员整合的难度较大。

二、代表性的单位分析

（一）事业改成企业——省建设厅

作为事业改企业的单位（即"事改企"）计划划入党政事业的国有资本运营公司的代表，省建设厅所属的省城市规划设计研究院、省城乡规划设计研究院拟整体组建规划类企业。

1. 省城市规划设计研究院

（1）总体情况

该单位目前在性质上的分类归属于差额拨款的事业单位、部门预算单位，每年财政拨款100万元，年收入3亿元左右，总人数500多人，在编100多人，一部分差额拨款、一部分自收自支。省城市规划设计研究院属于生产经营类，改企的方向为国企。从系统内的业务量来看，10%～20%的体量在省城市规划研究院所办的企业中，80%以上在本体。下属企业需要提交国有资本经营预算，本级不交。

（2）担忧：谁来监管？国资委、财政监管都有担忧

省城市规划设计研究院认为，由省国资委监管能释放活力，在分配机制、

人的进退方面可能更灵活,同时能对经营业务的拓展提供支持,如建设行业的后端支持和与地方政府联系的前端支持。但是,一方面,担心会管得太多。第一,包括钱、运营、人等方面,可能会牵涉太多。第二,省国资委系统内的单位涉及管钱与管人时,本单位会很被动。例如,在平衡收入时,省城市规划设计研究院一般是在行业内平衡,而省国资委可能按单位平衡。省财政部门作为监管机构只对股权进行管理,不干预运营,可能有政策上的支持。另一方面,担心会管得太死,如在收入、经营方式上可能管控较严。

(3) 对改革的期望

省城市规划设计研究院希望在转型成为企业之后,单位能释放更多活力,从而能够实现下一轮快速地发展。活力释放具体地体现在三个方面:一是分配方式上真正实现按劳分配。现在的事业单位按工资总额控制,不太适用于经营性的单位,核定绩效工资、不按生产反而按职称是不合理的。二是人有灵活性,实现能上能下、能进能出。三是市场方面,同属的国企或省属的部门能提供适当的市场支撑,省里关于公共政策的一些项目能采取单一来源采购。

2. 省城乡规划设计研究院

省城乡规划设计研究院认为,作为事业单位延续多年,必然有土壤环境和个体的特殊性。在改革过程中,千差万别,但希望能做大做强做活。目前难以看到转企后的趋势,不知预期,新出台的事业单位人员转换、兜底政策(事业身份可以选择走或者留),对企业会是致命威胁。

主要担忧:

① 省城乡规划研究院(省城市规划研究院)情况特殊,最大的资产、最大的股权是人。如果人不存在,资产很快就归零。希望能留住骨干人才,分配能按劳分配,用人能有灵活性。

② 虽然是股权管理,但到底管的是哪些?如工资总额、对外投资等都是很重要的问题。市场方面,希望提供的支撑能延续一段时间,能参照省里集团公司的一些做法,支持同类的同行业合并,做大做强。

(二) 脱钩划转与部分保留

1. 江苏省地质矿产勘查局

(1) 总体情况

根据省地质矿产勘查局大概的估算,在整体资产方面,省地质矿产勘查局所办的企业使用资金接近 70 亿元。事业单位还有大量国有划拨土地,有很大潜力。因此,地勘企业不是包袱,有发展前景和盈利能力。此外,空壳的企业还可以进行再整合。

项目组调研发现,一是党政机关和事业单位的经营性国有资产中资质性、轻资产的企业比较多,典型特点是人力、财力以及物力的混用。省地质矿产勘查局的资质大部分在企业,支撑资质的注册人员大部分都是事业单位的身份。二是业务范围覆盖国内与国外。三是从资本方面来讲,事业单位的出资企业具有代表性,各方面特点体现得淋漓尽致,有人的问题、物的问题、财务管理的问题。四是行业受政策的影响较大。

通过改革,应该切实地使该局公益性的工作职能得到加强,地勘企业市场经营的活力得到增强,职工的切身利益得到保障。被调研单位认为,改革有以下三条原则:

第一条原则是整合两局一院,组建一个省公益性的地质工作体系。这是改革的基本点,公益性队伍必须投身公益,不再从事市场经营。目前,事业身份在职人员为5 200人,若下一步按照专业化分工,整合几个大的专业院所,各市要保留80~100人的公益性工作的队伍,全省至少要保留3 000名公益性的人员。可以再压缩1 500人,就是现在两局在地勘局工作的人。整个地勘队伍的布局要进行调整,现有的情况无法完全满足常态化、全覆盖的要求。

第二条原则是事企分开。这是一个难点,也是困难矛盾的集中之处。如果能把事与企分开做好,地勘队伍的改革工作也会顺利地进行。就省属地勘队伍的改革而言,被调研单位认为并不复杂,资产整合相对容易,解决事企的人员混用需要突破现有的一些政策规定。

第三个原则是实事求是地解决好改革中事业身份职工的分流安置。改革的重点就是把企业混岗的1 000多名事业身份职工的后路解决好。地矿要突破的,就是让在地勘企业过渡的事业身份的职工保留身份,给一个过渡期,通过5年把资产的分配、人员的分流解决好。3年前被调研单位就不再安排事业身份的人员到企业,下一步是在企业工作的事业身份人员逐步地通过工作需求回归,所以在企业工作的事业身份人员一定是呈现逐年减少的趋势。

最难的是企业的经营管理层。通过与被调研单位召开座谈会等方式大概了解判断,若放开口子,95%是要回来的。人员分流安置方面一定是有序的,在组织引导下的整体稳定。如果能给1 000多人后路,保留事业身份,有过渡期,回来后还能再做选择,把这个问题解决了,那么,地勘队伍改革的结点就打开了,其他都是很基础的相对好解决的问题。

(2) 改革方向

在改革中需要关注以下三点:一是省地质矿产局、华东有色局均为事企混合,华东有色局有一个投资顾问公司,有企业管理体系;而地矿和华东有色相反,一直没有一个独立的企业管理体系。这是地矿要解决的问题。

二是省矿产勘查局所办的企业中存在个人注册的企业。在海外因项目设置小公司,为了规避国有资本的很多限制条件,只能以个人名义注册。这种操作有潜在风险,被调研单位已经要求清理,还要继续存在的要转变成国有。

三是就华东局而言,应该把两个改革做整体设计,即地勘队伍体制改革和经营性国有资产的改革应该统筹。设想:两个局先各自成立两个资产经营公司,通过2~3年过渡后,再整合成一个资产经营公司,可以分别以两个公司纳入统一监管。目前两个局要完全并入板块还有些困难,但整合好了,企业很有发展潜力。

(3) 诉求

① 希望把地勘队伍的体制改革与地勘事业单位的经营性国有资产统一监管的改革统筹安排,过程中的重点是能对地勘企业工作的事业身份职工做政策性安排,这个问题解决了,地勘队伍体制改革的难题就迎刃而解了。

山东地勘改革没有解决好这个问题,出现了公开化矛盾。山东地勘整体划给省国资委,但是旗下的大量企业没划。这样出现了资产关系、人员关系打架。至今仍然存在着要求把事业单位所属的企业也划转的问题。江苏地勘改革不能再出现这种问题。因此,一定要有共同服务发展的目标。建议以5年左右为过渡期,等分流安置问题基本消失,经营的分配、处置也差不多了,再切断地勘局与其企业的联系。

② 希望地勘经营性国有资产纳入统一监管体系后,能使地矿国有资产经营公司与公益性事业局在工作联系、业务联系上不简单脱钩。省地质局85家企业中的大部分和地勘行业相关,按照分类,属于支持公益性职能的,应该保留管理。其中也有几家和行业不相关,如山水大酒店集团、徐州大光涂料厂、地质六队设立的复合肥厂等,有些单位也承担大量行政服务。

③ 做出一些市场安排,从自然资源的行政职能到地质局的公益性职能,再到地勘企业的经营职能,整个链条不出现脱节。统一监管改革后,公益性地质局与现有企业的联系对公益性职能的履行是不可少的支撑,也与地勘企业的发展相辅相成。

江苏省地质局提出的关于"授权我局管理"的问题。改革后的公益性职能事业局,怎么能管市场经营资产呢?但如果没有某种形式的联系,地勘企业服务以及支撑地勘工作的渠道、关系可能会出现问题,被调研单位有这个顾虑。

从相关的关联、相互地支撑的角度来看,省地质局希望资产经营管理的企业和公益性事业局继续存在某种联系,纽带不能轻易切断。企业体系和公益性体系到底如何联结并形成支撑,需要研究探索。地矿和科研院校有相似性,即创新性强、风险大、投资周期长。地勘产业行业存在特殊性,是轻资产且集脑力劳动和体力劳动于一身。地矿产业是延续的、传承的,社会需求大,发展空间广。地勘的行业监管是政府的职能,地质事业的发展是公益性事业单位的职能,地矿产业的发展是地矿企业的职能,这样系统是联系的,工作和业务联系是紧密的。

地勘行业的管理现在已纳入自然资源系统,是作为一个特定的行业接受监管。作为国有资本运营公司的监管者,省财政成立相应的党政事业的国有资本运营公司,是履行国家出资人对资产的监管,包括授权。地质事业具有公益性,通过地勘局这个事业单位为载体来实施。地矿产业,是从行业来讲的。因此,这三者是连在一起的,是一条线,和资产管理没有对立和冲突关系,谁出资和企业在行业内做什么不矛盾。

2. 省华东地质勘查局

(1) 总体情况

省华东地质勘查局即江苏省有色金属华东地质勘查局,始成立于1956年。该局为江苏和华东地区矿山资源勘查做了许多贡献。江苏80%的金属矿山资源都是由该局找到的,例如,江苏梅山铁矿、铜井金矿、幕府山白原石矿、六合冶山铁矿等。该局原来是部属企业,其间经历两上两下,分别在20世纪70和80年代下放到地方,再收回到部属企业,从开始的中国冶金部到金属有色总公司。2000年最后一次下放到江苏省政府直属的事业单位;2006年随着国务院进一步加强工作时,该局扩大了队伍;2007年成立了一个控股公司,该公司和局是一套班子两块牌子,即控股公司的管理部门与局机关基本合二为一。局里80%的人和90%的资产都在控股公司。2016年才开始逐步实施政企分开。华东有色局下属企业目前基本是处于全竞争性行业。

(2) 控股公司的情况

控股公司成立于2007年4月份,是华东局全资的公司。2018年经营产值是28亿元,营业收入是25.6亿元,利润是1.5亿元。截止到2018年第三季度末,控股公司的总资产是34.55亿元,总负债是25.16亿元,净资产是9.39亿元。控股公司的职工总数有1 625人,其中企业编制525人,其余是事业编制。

控股公司全资和参股的企业一共有71家,如果剔除正在注销和清理的企业,剩余65家企业。有17家直属企业,分三个业务板块:一是地质勘查板块,主管6个企业,2018年经营产值是3.3亿元,收入是2.7亿元,利润是1 022万元。二是工程建筑板块,主管6个企业,2018年经营产值是17.9亿元,收入是16.8亿元,利润是3 500万元。三是矿业开发板块,境内企业由江苏华资矿业投资统一管理(可减少成本)。决策机制是"三重一大",300万元以上的上报局内,200万~300万元的上报控股公司董事会,200万元以下的上报经营层。去年年底国内外矿业权有43个,其中,境内有22个,境外有21个。

控股公司有执行董事会。非全资的公司实行董事会和监事会,全资公司实行执行董事。2018年,基于减少事业单位处级干部兼职,提高决策效率的考虑,实行执行董事制度。依法成立党建,党、工、团组织关系已全部健全。企业中事业编制的人员有级别,企业人员无级别。控股公司董事会有5人,监事会有3人。

华东局经营性资产的90%都注入了控股公司。除土地房屋以外的90%的资产都在企业,总资产50亿元中控股公司大约占35亿元。大部分事业编制人员(大约1 000多人)在控股公司。企业领导基本是事业编制,目前事业身份从事企业工作的人员有一定的激励。机关人员一般是事业单位薪酬,企业人员的薪酬要高于局内处级干部,但在省人社厅核定的工资范畴之内。事业编制的干部的绩效和薪酬相对少点,而企业中的干部的薪酬会多一些,事业人员以管理服务为主。

(3)行业改革

行业改革的要求是将"两局(华东有色、江苏地勘)一会"整合为公益性勘查局。自2019年开始,党与国家机构改革同步推进,地勘单位的分类改革面临二次分类改革。分离改革有两家最有典型性,辽宁的地勘单位改革,把有色、地矿、煤田、工业等五大系统列在一起,合并成地质勘矿集团,由发改委牵头,直接转企。这项改革所牵涉的人员问题造成大量上访,后来由政府出台人员安置的文件,目前人员在分流,已减少到原先数量的一半。目前比较好的是山东地矿集团,山东的国有资产监管改革进行得较早,山东地矿局是国内第一家上市公司,叫山东泰安。国资改革早,山东地矿局所属的公司全部划入山东地矿集团,企业领导班子身份要求转移,在充分征求大家意见的基础上,同意的职工可保留事业身份3年。相对来说,如果实施这项改革,局内单位划分较快,二级部门就会比较慢。3年过渡期的资产交割不太清晰,会导致有空档。

因此,事业单位改革中最突出的问题,一是人的问题怎么解决。二是资质的问题怎么解决。改革过程中人在企业存在,人走资质就走了,该如何解决?三是业务和市场与主办单位具有天然联系,统一监管后,如何处理这种关联?

三、纳入党政事业的运营公司作为持股企业的条件

根据中办发〔2018〕44号文,结合苏财资〔2018〕252号、苏财资〔2018〕300号文件精神,对于党政事业的国有资本运营公司所接受的事改企的企业,党政机关与事业单位的经营性国有资产集中统一监管的改革中脱钩划转、部分保留的企业,建议需要具备以下条件:

一是已经进行清产核资和资产评估的企业,须做到资产的权属清晰、产权明晰、人员资产独立于原主办单位。

在调研中,南京市国资委王处长认为,如果不搞清产核资,可能对下一步企业资产运作造成很大影响。他介绍,南京市国资系统内这两年也在清理解决这个问题,但公司制改制会涉及原来的资产,如注册资本实不实、债权债务关系清不清楚,会衍生出很多问题,还有很多不良债权的确认。如果不进行清产核资,划转后谁来承担以前损失的不良资产?因此,后续必须进行清产核资和资产评估,而且还要进行损益认定、资本金核实等。

二是由于上述企业在人力资本、市场业务份额、依附于人力资本的资质等无形资产与其主办单位存在高度的粘连性,因此,应该妥善处理好这些资产的粘连性问题。

三是一些实物资产,包括办公楼、土地使用权等原单位资产一直处于这些企业免费使用的状态。因此,应处理好这些免费使用的资产的去留问题。

四是解决好调研中发现的人、财、物与原先主办单位之间混用的问题,以及进行现代企业制度改革,建立起完善的法人治理结构与财务管理规范等。

第二节　典型的管控模式分析

在一般意义上,管控模式是指作为集团管理的主体,母公司为实现母、子公司间的权力和责任以及利益的分配管理和控制,保证集团的战略目标和使命能够实现而形成的制度和方法等所构成的管理的范式(Egelhoff W. G.,2010)。管控模式的类型可以分成战略管控、财务管控以及运营管控(Vancil R. F.,1980;Ouchi W. G.,1979;Goold M.、Campbell A. etal,1994)。

一、集团模式

区别于淡马锡集团模式,一般的集团模式中战略管控、运营管控和财务管

控谁为主并不确定,甚至针对不同持股企业或者持股企业发展的不同阶段,三种管控模式主次也不一样。

理解集团模式要掌握几个要点:一是揭示了集团总部对下属子公司的管控关系;二是这种管控是为了实现集团战略目标,达成组织优化和运营有序;三是这种管控采用的策略和方式包括层级管控、资源配置、风控等;四是这种管控会影响下属企业或所持股企业的战略、财务和经营等多个方面。

一般而言,按集团总部对下属企业管控的集权和分权的程度差异又可分为运营管控、战略管控和财务管控三种。

1. 运营管控

正确理解运营管控需要把握以下要点:① 集团总部是经营方面的决策中心;② 集团总部是生产方面的指标管理中心;③ 集团总部是企业内部资源的配置中心;④ 企业内部经营统一;⑤ 资源集中优化;⑥ 总部直接管理所属企业的生产经营;⑦ 战略规划实施链条为总部至所属企业;⑧ 对下属企业或所持股企业的职能或业务领域(例如,人财物、研发和市场)进行集中化控制并进行组织协调。

2. 战略管控

正确理解战略管控应关注以下要点:① 集团总部是战略决策中心;② 集团总部是投资决策中心;③ 战略管控旨在获得集团总体战略控制和协同效应;④ 战略管控深入战略规划至业务计划系统层面上;⑤ 战略管控在于有控制的分权;⑥ 集团总部拥有多数职能政策。

3. 财务管控

正确理解财务管控需要注意以下要点:① 企业集团总部是投资决策中心;② 财务管控旨在获得资本价值最大化;③ 管控手段在于财务指标考核;④ 集团总部侧重于财务管理和领导;⑤ 下达子公司年度财务指标目标,在子公司达成财务指标目标的前提下,对子公司的具体生产经营活动不予干涉。

运营管控、战略管控以及财务管控三者集、分权程度存在不少差异。一般而言,运营管控和财务管控是集权和分权的两端,也就是说,运营管控处于高度集权,而财务管控处于高度分权;相比较而言,战略管控的集、分权处于中等水平[①]。这在一定程度上反映了运营管控、战略管控以及财务管控下的企业集

---

① 有的研究表明,集团管控模式选择受到母公司的管控的能力、子公司的战略的地位以及子公司的管理的成熟度等多个因素的影响(朱方伟、宋昊阳等,2018;朱方伟、杨筱恬等,2015;肖太庆,2014)。

团的日常运营管理表现出较大的差异,具体情况如表5-1所示(任伟林,2012;骆家骁,2014;张春流、章恒全,2014;陈洁、张军,2010;陈志军,2007)。

表5-1　三种管控模式下企业集团对子公司管理的差异

比较维度	运营控制型	战略控制型	财务控制型
业务的特点	单一的或基本单一的业务系统	两至三个甚至更多个相关的业务	多个非相关的独立业务
战略管理	每一具体战略管理环节	① 集团总部战略的制定;② 下属企业或持股企业战略的审核;③ 战略导向下的资源配置	① 决策内容包括收购、投撤资(含并购);② 市场反应管理
介入业务	具体的经营决策和经营活动	① 财务目标(中长期)管理;② 战略导向下的经营方针与计划的实施	基本上不介入,强调财务绩效的实现
人事的管理	管理具体的招聘、培训、评级和薪酬等活动	管理最高行政管理的人员,制定和协调重要的人事政策	仅对高层的管理人员进行管理
业绩的管理	详细审阅所有财务和经营的表现	① 重要财务指标监管;② 重要经营计划与措施的实施情况	重要财务指标监管
资源与共享服务	集团提供几乎所有的服务	注重协同的效应以及经济效益	无

注:根据相关研究整理。

二、淡马锡模式

淡马锡模式主要表现为政府、淡马锡与淡联企业的三级监管体制。该模式的核心在于政府和国资的运作平台以及企业之间构建起三层的架构,政府控制国有资本,但不直接管理企业。这种三层架构给企业留下空间、给政府相应控制力,同时在微观运作中能够尊重市场的规律。

淡马锡公司成功的关键在于其优质的治理模式。

1. 明确界定新加坡政府与淡马锡之间的责权

政府与淡马锡之间是出资人与被出资企业的关系。淡马锡按照市场规则运营,而政府行使出资人职责,基于监管需要运作企业。在政府与淡马锡的关系上,需要正确理解以下几点:一是淡马锡与其下属企业之间是集团内部关系,以产权为纽带;二是淡马锡与一般企业集团不同,它专业从事资本运营;三是淡马锡对所持股企业的管控基本以财务管控为主;四是政府对淡马锡的管控遵循监管者职责(袁境、白煜,2006)。

2. 多元化平衡的董事会

合理理解淡马锡多元化的董事会,应该注意以下要点:一是董事会成员多元化,包括官员、社会人士以及所持股企业的高管,均是精英级人士;二是董事会中官员背景的成员能够从政府角度出发行使董事会赋予的权利,特别是基于政府作为出资人的利益进行相关决策;三是社会人员和所持股企业高管的背景更多地反映其商业经验和商业历练,这种经验能够为董事会决策带来效率;四是董事会成员的多元化复合型背景为他们开展工作提供了制衡合作基础,同时平衡了国家股东即政府与董事会之间的关系,实质上也是国家控制和市场运作之间的平衡,并确保了监督权和管理权的分离。

3. 淡马锡的运营导向在于价值最大化

淡马锡的运营导向在于价值最大化,理解这一点需要注意以下方面:一是其作为所持股企业的股东以及投资者;二是选择所持股企业的标准在于标的足够优秀;三是其作为积极投资者或者股东;四是通过投资和控股达成可持续增长和价值最大化(周建军,2015;刘军国,2014)。

从集团管控方式的角度来看,淡马锡模式在于财务管控,这与国发〔2018〕23号文中国有资本运营公司对所持股企业的管控以财务管控方式的规定具有一致性;从政府、资本运营、所持股企业的三层架构来看,也契合国有资本运营公司作为政府可能直接干预隔离带和防火墙的要求。

三、财团模式

财团模式一般是指这种企业集团在构成上是由一些大规模的企业构成,通过这些大规模企业相互持股而形成。财团模式的典型特征如表5-2所示。

表5-2 财团模式的特征

内 容	特 征
产权的角度	替代母、子公司持股形式的是企业与企业之间相互持股从而形成交叉持股方式
内部控制	高管支配力量增强而股东对其制衡的力量衰落
企业激励的机制	长期化、稳定化
人事的派遣	派出董事、高级的管理人员,以加强企业之间的人事结合

注:根据相关研究整理。

财团模式典型的代表有美国的GE、日本的三菱、韩国的三星、中国的复星等。组建财团旨在：一是多产业联合和形成相应的整合力量，从而构建竞争能力；二是多产业经营能够平抑产业景气波动带来的经营风险[①]。

从总体上来看，财团模式侧重于产融相结合、横向相互持股，淡马锡模式侧重于多产业、H 结构和资本运营，这两个模式不同于目前在国有企业中打造的产业集团的模式，后者侧重于单一或相关产业的布局。

那么，国有的资本运营公司对所持股企业的管控模式如何选择呢？在财务管控、运营管控与战略管控的模式的选择上，国发〔2018〕23 号文中规定资本运营公司中选择财务管控。一般的观点认为，以财务管控为主，战略管控为辅。在淡马锡与财团模式上，国有的资本运营公司更倾向于淡马锡模式。

第三节 党政事业的运营公司对所持股企业的管控模式

相关研究表明，影响管控的模式或者母、子公司的集权程度和子公司自主性的因素主要包括外部不确定性以及母、子公司的自身因素，如规模、管理经验以及管理水平等（Chenhall R. H., 2003；Yiu D.、Bruton G. D. etal, 2005；Kald M.、Nilsson, F. etal, 2000；Bartlett C. A.、Ghoshal S., 1999；Edwards R.、Ahmad A. etal, 2002）。党政事业的国有资本运营公司的管控模式的选择，既应该考虑到相应省份的党政机关与事业单位的经营性国有资产的现状与需要解决的问题，也应该考虑到党政机关与事业单位的经营性国有资产集中统一监管改革的需要，以及国有的资本运营公司相关制度的规范约束。

一、采用小总部大产业模式

如本书前文分析，搭建省级层面上的国有资本运营公司的组织架构后，针对现有党政机关与事业单位的经营性国有资产的小而散的企业现状，需要按照产业相同或者相近来整合产业板块，形成产业平台。现有一级企业在条件许可的情况下，可以吸收合并二、三级企业以及大于三级的企业；可以考虑先以主办单位为主体，成立资产经营公司或控股集团，整合主办单位的所属企业；进入党政事业的国有资本运营公司后，考虑拆除原主办单位所属的集团架构。

[①] 此处财团模式是集团公司的管控模式，不是在国有资产的管理体制研究中曾经出现的国资财团的概念（马庆国，2003；马庆国，2000）。

小总部大产业结构至少指明以下几点：

① 国有的资本运营公司所持股的企业众多，产业门类多，这不同于国有的资本投资公司有着相对主要的产业分布；

② 总部的人员相对于所持股的企业而言占比低，除了职能部门配备必要的人员外，主要集中于资本运营部门，负责处理资本运营的事宜；

③ 从组织架构上来看，从总部到所持股的企业形成金字塔的结构，所持股的企业位于金字塔的底端。

二、设置部门运营公司

依据中办发〔2018〕44号文的规定，以及现有企业的业务与党政机关与事业单位的职能或事业发展的关系，确定部分保留的企业。如果是市场化的业务，宜脱钩划转。如果是与主办（主管）单位的职能的拓展、延伸有关的，宜采用部分保留方式。如果已经明确了脱钩划转，建议根据企业的诉求，合理进行制度的设计，做出制度的安排，以保持企业的业务相对稳定和可持续，促进企业未来进一步可持续地增长。

应该注意到，党政机关和事业单位的经营性国有资产的集中统一监管有利于理顺国有资本的授权经营的体制，有利于解决政与企不分、事与企不分、政与资不分以及资与企不分等问题。但是，一个不可忽视的问题是，经营性的国有资产与主办单位存在粘连性，辩证地处理这种粘连性有利于统一监管改革目标的实现，通过部门运营公司设置是个相对可行的措施。

三、财务性持股为主

根据国发〔2018〕23号文的规定，国资运营公司对所持股企业采用财务性持股为主。财务性持股为主旨在获取国资运营效率的提升以及资本回报率的提升。财务性持股为主目标的实现需要一些条件，包括：持续推进所持股企业的治理结构；通过公司治理行为，如股东会表决、委派董监事会成员代行权力等方式处理好持股管控关系以实现相应目标。

既要达到构建一个合理有效的管控模式，又要保障企业活力以及资本安全，的确需要上述条件才能够真正发挥作用。如何能够发挥作用呢？

一是一企一策用好股东身份来进行章程设计。公司章程可以明确的事项可以包括：所持股企业做什么主业；得到的授权范围有多大；公司治理机构与机制，比如，董监高的构成以及议事规则等。

二是构建专业专职的董监事外派队伍并进行科学管理和考核，形成董监人员选聘、任用、考核的循环闭环管理；应充分用好董监委派队伍从而落实管控所持股企业的目标。

三是合理划定管控重点领域。对管控范围内的事项实施精准管理，对管控范围外的事项应放手让所持股企业自主决策。管控范围的事项具体实施情况应由董监事外派人员及时汇报。

四、安排所持股企业的股权结构

在事改企的企业、党政机关与事业单位的经营性资产的集中统一监管中部分保留和脱钩划转的企业进入国有的资本运营公司后，就作为后者所持股的企业，考虑到人员、资产和业务与原主办单位的粘连性，特别是具有资质的核心员工和高管的去留对企业的可持续发展具有至关重要的作用。因此，可以考虑采用阿里巴巴的合伙人制或京东的AB股制，以留住这部分人员，充分运用好相应的人力资本（郭霁、彭雨晨，2019；王骜然、胡波，2018；高菲，2018；宋建波、文雯等，2016；黄臻，2015；蒋小敏，2015；陈若英，2014；马立行，2014）。

1. 阿里巴巴的合伙人制

合伙人制在阿里的实施有个过程，从2010年开始试行，当时对象是管理团队；2013年，阿里宣布建立了这一合伙人制度；2014年，也就是阿里境外上市年，阿里明确用法律制度形式明确了这一制度。

从法律意义上讲，合伙人的权利和义务是很明确的，主要有：① 共同投资；② 共同管理；③ 企业债务连带无限责任（马一，2014）。

与一般合伙人不同，阿里合伙人具备：① 对象是管理团队；② 目的是高管控制企业。合伙人制在阿里实施的内容见表5-3。

与AB股相比，阿里合伙人制度也有不同之处：① 阿里合伙人控制权在管理团队，而AB股这种双层结构投票权高度集中在极少数创始人手中；② 合伙人制度下，合伙人群体更替的企业战略资源相对容易传承。

表5-3 合伙人制在阿里实施的内容

	合伙人制的内容
离退休	离退休时须退出合伙人团队（当然其中永久性质的合伙人无须退出合伙人队伍）
与董事的关系	不等同于公司董事，其拥有的是人事控制权，而非公司运营的直接管理权

续　表

	合伙人制的内容
职责	企业价值观、远景和使命的推广与传播,无须连带责任承担
权力	其拥有提名50%以上的董事会成员候选人的专有权,并且这一董事的提名权不可变更

注：根据相关资料进行整理。

2. 京东双层股权结构

双层股权结构(AB股)实际上是一种同股但不同权的制度,其中的不同权的含义主要体现在投票权的不同上。

按照京东AB股双重股权的制度规则,刘强东所持的B类股,其1股是对应20票的投票权,除了刘强东之外的其他股东所持的股票为A类股,其1股是对应1票的投票权。因此在京东上市后,虽然刘强东的持股比例只有18.8%,但他拥有超过80%的投票权,拥有绝对的控制权,京东依然是他说了算。

由此可见,双层股权结构的好处在于:① 防范恶意并购;② 创始股东拥有高度控制权;③ 股东不容易干预管理团队决策。

五、选人与用人机制的创新

根据调研,需要合理判断轻资产企业与否,考虑如何保障核心的员工利益,特别是有资质的事业身份员工的去留问题。

1. 市场化选人与用人

调查数据显示,市场化选人用人机制已经开始构建[①]。体现在:一是虽然存在非市场化方式,但是市场化选聘方式已经被较为广泛使用。据被调查者反映,完全市场化方式选聘虽然目前没有,但是低于一半的被访者反映是市场化为主而内部化培养为辅,相应地,高于一半的被访者反映是市场化为辅而内部化培养为主。

二是中高层管理者来自职业经理人市场的比重低。被访者大致不到15%的人反映所在企业逐步试点市场化选聘管理者,大多数企业主要是国企选人用人的传统方式。因此,高端专业化人才的选聘市场尚在路上。

---

① 根据国资智库《地方国有资本投资运营公司发展现状与趋势展望——基于12省市国有资本投资运营公司的调查分析》整理,源自 https://www.sohu.com/a/127717402_481760。

2. 市场化的激励

国资运营公司尝试市场化激励机制构建。调查数据表明,完全的市场化激励机制尚未建立起来,但是超过60%的企业已经在做市场化激励机制尝试。市场化激励可能在局部进行运用并可能取得实效。例如,被调查者反映,针对重点项目进行专门激励的已经有近一半的企业在使用,针对重点的所持股企业或者是关键的领域或岗位进行额外性质的激励也在一成左右的企业中使用。

在激励手段上也进行了相应的创新,一些被调查者反映,使用好一些项目的跟投作为激励,或者是增量进行激励,或者是员工持股激励,或者是以增值权进行奖励等方式均在不同程度上得到了运用。

3. 以党政事业所属企业组建的国资运营企业的选用人策略

以党政事业所属企业为基础构建的国资运营企业如何进行选人用人?可以设想:一是市场化选聘;二是构建适应市场发展变化的能者上庸者下、干部能上能下、职工可进可出、薪酬可增可减的机制(韩朝华,2015);三是考虑企业发展的中期和长期人才储备与人才发展战略;四是市场化选聘中高层人员并有效整合团队;五是引进懂管理会经营的人才并分门别类地构建人才梯队;六是紧缺人才可以一人一议;七是切实做好职工培训,并尝试职工持股与实施职业经理人制度(张炳雷、王振伟,2016)。

六、对所持股企业的考核安排

国发〔2018〕23号文规定,国资运营企业有必要采用财务管控,对其所持股的企业进行相应考核要重点关注国资流动保值与增值的具体情况。

因此,需要关注如何规划国资的流动和保值与增值状况的考核指标,需要研究对所持股企业整体考核、董事会考核以及高管考核的侧重点的差异,从而为资本的有序进退、董事会的选聘以及高管的选聘提供科学的依据。

第六章 研究结论与展望

第一节 研究结论

本书细致梳理了国有资产(资本)的管理体制、监管体制和授权体制的制度演进以及实践进程的脉络,对现行的省级国有资本运营公司的实践经验进行了系统性的整理和分析,结合各地对党政事业管理的国家监管变革动态和江苏省党政机关与事业单位的经营性国有资产的摸底调查数据、实地走访调研、专家咨询等,既得出了国有资本运营公司授权经营的一般规律性的结论,也给出了党政事业的国有资本运营公司授权经营的操作性的措施。

一、外部授权模式的创新

本书通过结合两权分离、所有者具体化与直面化的理论与实践,分析了授权主体的多元化与动态化;通过研究间接授权与直接授权、完全授权与部分授权以及授权的内容,探讨了国有的资本运营公司的授权体制;通过分析党政机关和事业单位所属企业的授权经营的体制,探讨了党政事业的国有资本运营公司外部授权的问题。基于授权组建的视角,探讨了国有的资本运营公司功能的定位、组建方式的选择、注册资本、经营的范围以及实践模式等问题。

本书研究认为,一是间接授权的模式下,履行出资人职责的机构(国资委或者财政部门)采用部分授权;而直接授权的模式下,政府必然走向完全授权,这是源于履行出资人职责的机构是履行股东职责而不是公共管理职能的要求。从资与企分离的角度来看,国有资本的运营公司获得了基于法人财产权的资本的配置权、资本的运作权、资本的回报与资本的安全权。

二是国有资本运营公司应避免做成产业控股集团、投资与运营功能的混合和过度多元化。在一定条件下,党政事业的国有资本运营公司宜采用新建的方式,而注册资本的规模则受到多个因素的制约。

二、内部治理模式的创新

本书通过对制度依据和相关的调研、调查数据进行分析,提出了党政事业的国有资本运营公司职能部门的设置和职责的设想;通过国外的国有资本运营公司的治理结构、现行的省级国有资本运营公司的公司治理结构,以及规范公司治理结构的制度演变的趋势分析,探讨了党政事业的国有资本运营公司治理结构的安排、监督机构的设置与监督的机制;通过业务调查探讨了党政事业的国有资本运营公司的经营方式;通过盈利点、盈利的模式及盈利的水平调查,探讨了党政事业的国有资本运营公司的盈利点和盈利分配的问题;从资本的进退方、进退的标准、进退的程序等方面,探讨了党政事业的国有资本运营公司的资本有序的进退策略的问题。

本书研究认为,国有的资本运营公司应设置公司战略规划、相关制度建设、公司资源配置、相关资本运营、财务会计监管、相关风险管控、企业绩效评价等职能部门;设置党委会、董事会和经理层等治理结构,不设监事会,建立监督工作的会商机制;根据国发〔2018〕23号和《公司法》等制度法规,结合同类的公司治理安排,做好国有资本运营公司的内部授权;综合权衡现行的省级国有资本运营公司的盈利模式,结合自身的情况,决定党政事业的国有资本运营公司的盈利模式,确定盈利的标准,有序推进资本的流转。

三、母子管控模式的创新

从党政机关与事业单位的经营性国有资产的整体情况、代表性的单位分析,提出了纳入党政事业的国有资本运营公司作为持股的企业的条件;分别从企业集团模式、淡马锡模式以及财团模式的视角,探讨了典型的母子公司管控模式;分别从小总部大产业、部门资本运营公司的设置、财务性持股为主、持股企业的治理结构、选人与用人的机制以及对所持股企业的考核等方面,探讨了党政事业的国有资本运营公司对所持股企业管控模式的选择问题。

本书研究认为,党政事业的国有资本运营公司接受事改企、脱钩划转和部分保留企业时应处理好其人力资本、业务以及人员资质与主办单位(主管部门)的粘连性问题;采用小总部大产业的模式,先通过主办单位牵头组建资产经营公司,划入股权进入党政事业的国有资本运营公司后,按照产业相同或相近进行整合;考虑原主办单位实际的诉求和业务上的关联性、功能上是否存在补充或拓展的情况,设置部门的资本运营公司,应将双层股权结构与混合所有制改革相配合,做好留住人与用好人的工作(沈昊、杨梅英,2019;李明敏、李秉祥等,2019;张冰石、马忠,2019);对所持股的企业以财务上管控为主和以战略上管控为辅,进行市场化选人用人与激励,提升所持股企业整体的发展质量。

第二节 对策建议

一、组建模式要适当

应确定适合的党政事业的国有资本运营公司的组建模式。在公司定位方面,公司应聚焦于专业经营资本运营业务,不做一般国企从事的具体生产经营性业务。在组建方式方面,应选择新建方式。在注册资本方面,预计投入的资本金规模应考虑多个限制条件。在经营范围方面,可以涵盖投资与投资管理、资产的管理、产权的经营和资本的运作、收益的管理、股权的管理、企业的托管和资产的托管、资产的收购与处置,以及组织实施企业并购、企业重组、企业整合、重大的经济建设项目的投融资等。

二、治理模式要适宜

应确定适合的政府机关与事业单位的国有资本运营公司的治理模式。在公司的组织架构方面,应以省级国有资产监管的机构为履行出资人职责的机构,下设党委、董事会、派驻纪检监察组等二级的组织[①]。其中,党委可下设纪委、工会等三级组织,董事会下设各种专门委员会以及经理层等三级组织,而经理层可下设各类业务部门以及各类子公司等四级组织。

在公司治理结构方面,本书对党组织、董事会、经理层提出了具体化的建议。在监督机构与机制方面,公司可以内设监事会,或者不设监事会而将其职能归并到派驻纪检监察组以及内设的审计部门;在监督的机制上,可由多个部门组建"大监督"联席会议以开展联合检查及监督方面的工作,还可借助信息技术手段来建立风险管理的信息系统,并通过要求每年编制全面的风险管理报告以形成对风险管理工作的考核。在资本运营的方式方面,公司的总部层面上设置资本的配置和资本运作的中心,通过公司治理机制对所出资企业履行出资人的职责,行使股东的权利;通过预算、决算等财务手段确定所持股企

---

① 因省情的差异等因素的约束,也可以将党政机关与事业单位的经营性国有资产划归地方国资委来监管,此时,出资人的代表机构为相应的国资委。

业的战略规划，并对其资本运营的效果进行管控，但对具体经营不予干涉。在盈利的分配方面，可采取混合分配的模式，通过改革激励的机制与下属持股的公司分享超额的利润。在资本的进退方面，可以通过混合所有制改革来实现国有资本的进退，进而优化国有资本的布局，提升资本配置的效率。

三、持股企业管控要有度

应确定适合的党政事业的国有资本运营公司对所持股企业的管控模式。在战略、业务与财务管控的方式的选择上，党政事业的国有资本运营公司应选择以财务管控为主，战略管控为辅。在总部与产业子公司的组织规模上，党政事业的国有资本运营公司对所持股企业的管控，可以采取小总部大产业的模式；以财务性持股为主，所持股企业的治理结构可以选用如阿里巴巴的合伙人制或者京东的 AB 股模式。在选人与用人机制方面，应深化人事和分配制度上的改革，同时建立市场化的选人与用人机制，进行市场化的人才选聘、薪酬管理和激励约束，从而激发企业的活力。

第三节 研究展望

本书运用调查研究方法，在江苏省财政厅国资处的协助下，组织了 20 多场座谈会，征求了财政部财政科学研究所、江苏省国资委、南京市财政局、南京市国资委、南京市部分县区国资系统、江苏港口集团、江苏文化投资集团、南京新工集团等单位专家建议和意见，实地走访了江苏省有色金属华东地质勘查局、江苏省地质矿产勘查局等集中统一监管改革中采用脱钩划转与部分保留的企业的主办单位，以及事业单位改企业的代表江苏省建设厅下属的江苏省城市规划设计院以及江苏省城乡规划设计院等单位。通过上述调研，获得了第一手资料。课题组通过文献制度的梳理，以及省级的国有资本运营公司的网站检索、启信宝、水滴信用、企查查等网站资料收集等方式获得了大量二手材料。

利用上述资料，围绕党政事业的国有资本运营公司的组建模式、公司治理模式以及所持股企业的管控模式等方面的问题进行了探索，并取得了一定的研究成果。本书的讨论主要是基于理论层面的分析，相信这些成果能够在党政事业的国有资本运营公司的组建方案、章程、组织架构与部门职责以及公司治理模式的选择中得到运用，并在实践探索中进一步完善。

应该注意到,省级的资本运营公司中重庆渝富、上海国盛、广东恒健以及中央企业中国诚通控股集团有限公司、中国国新控股有限责任公司均已经建立网站并披露了相关信息[①]。因此,随着组建和运营国资运营企业,应该充分相信,省级层面的国资运营企业相关信息的公开披露会有助于进一步进行相关研究。

---

① 重庆渝富资产经营管理集团有限公司官网 http://www.cqyfgs.com/index.html;国盛集团官网 http://www.sh-gsg.com/index.html;广东恒健投资控股有限公司 http://www.gdhjtz.com/index.aspx;中国诚通控股集团有限公司 http://www.cctgroup.com.cn;中国国新控股有限责任公司 https://www.crhc.cn。

参考文献

[1] 陈伯庚. 强化产权约束机制，提高国有资本运营效率[J]. 学术月刊，1998(07)：32-33+49.

[2] 陈清泰. 实行政企分开，为国有企业走向市场创造条件[J]. 中国工业经济，1998(12)：5-8.

[3] 陈仕华，卢昌崇. 国有企业党组织的治理参与能够有效抑制并购中的"国有资产流失"吗？[J]. 管理世界，2014(05)：106-120.

[4] 陈仕华，卢昌崇. 国有企业高管跨体制联结与混合所有制改革——基于"国有企业向私营企业转让股权"的经验证据[J]. 管理世界，2017(05)：107-118+169+188.

[5] 陈仕华，卢昌崇，姜广省，王雅茹. 国企高管政治晋升对企业并购行为的影响——基于企业成长压力理论的实证研究[J]. 管理世界，2015(09)：125-136.

[6] 陈若英. 论双层股权结构的公司实践及制度配套——兼论我国的监管应对[J]. 证券市场导报，2014(03)：4-9.

[7] 陈洁，张军. 企业集团财务职能定位与财务管控模式选择[J]. 财政研究，2010(10)：63-65.

[8] 陈艳利，迟怡君. 央企投资效率与资本运营：由国有资本经营预算观察[J]. 改革，2015(10)：41-50.

[9] 陈志军. 母子公司管控模式选择[J]. 经济管理，2007(03)：34-40.

[10] 程博，宣扬，潘飞. 国有企业党组织治理的信号传递效应——基于审计师选择的分析[J]. 财经研究，2017，43(03)：69-80.

[11] 崔伟，陆正飞. 董事会规模、独立性与会计信息透明度——来自中国资本市场的经验证据[J]. 南开管理评论，2008(02)：22-27.

[12] 丁任重，王继翔. 中国国有企业改革演进：另一种视角的解读——关于"国退民进"与"国进民退"争议的思考[J]. 当代经济研究，2010(04)：35-40.

[13] 戴军，张广玲. 国有资产监管体制市场化改革路径研究——以淡马锡模

式的本土化创新为例[J]. 天津大学学报(社会科学版)，2015，17(03)：199-203.

[14] 房亚玲. 实施有效资本运营是搞活国有经济的重要选择[J]. 理论探讨，1998(02)：43-44.

[15] 高尚全，尹竹. 加快推进垄断行业改革[J]. 管理世界，2003(10)：71-77.

[16] 顾钰民. 所有权分散与经营权集中——混合所有制的产权特征和效率分析[J]. 经济纵横，2006(02)：45-48.

[17] 郭雳，彭雨晨. 双层股权结构国际监管经验的反思与借鉴[J]. 北京大学学报(哲学社会科学版)，2019，56(02)：132-145.

[18] 国家发展改革委经济体制与管理研究所课题组. 围绕处理好政府与市场的关系深化改革[J]. 宏观经济管理，2013(08)：20-22.

[19] 郭春丽. 组建国资投资运营公司 加快完善国有资本管理体制[J]. 经济纵横，2014(10)：4-7.

[20] 高菲. 争议中的双层股权结构：国际经验及对中国启示[J]. 理论月刊，2018(08)：130-137.

[21] 韩朝华. 思维创新："三层架构"的国有资产管理体制改革[J]. 探索与争鸣，2015(06)：71-74.

[22] 韩中节. 论国有资本运营监控权的配置与实施[J]. 西南民族大学学报(人文社会科学版)，2015，36(04)：119-126.

[23] 何小钢. 国有资本投资、运营公司改革试点成效与启示[J]. 经济纵横，2017，(11)：45-52.

[24] 何诚颖. 国有资产三级授权经营的代理风险及其防范[J]. 中国工业经济，1998(06)：32-35.

[25] 何金. 国有资产三级授权经营体制有悖于国有企业改革方向——兼谈深圳市试行情况[J]. 中国经济问题，2000(02)：32-36.

[26] 胡锋，黄速建. 混合所有制经济的优势、改革困境与上海实践[J]. 经济体制改革，2016(5)：100-105.

[27] 胡钰. 为国家投资未来——从淡马锡经验看国有资本投资运营公司的建设原则[J]. 红旗文稿，2014(05)：24-25.

[28] 黄臻. 双层股权结构实施法律环境的比较分析——以阿里巴巴上市为例[J]. 宁夏社会科学，2015(06)：55-60.

[29] 黄群慧. 地方国资国企改革的进展、问题与方向[J]. 中州学刊，2015，221(5)：24-31.

[30] 蒋大兴. 国资监管职能的重组——如何应对国企外派监事会的取消?[J]. 南开学报(哲学社会科学版),2019(03):86-99.

[31] 蒋凯,杨超,凌思远. 我国国有资本授权经营演进历程及其阶段性特征[J]. 财政科学,2019(01):106-114.

[32] 蒋小敏. 美国双层股权结构:发展与争论[J]. 证券市场导报,2015(09):70-78.

[33] 寇伟. 关于设立"大国资委"的构想与建议[J]. 中州学刊,2005(06):63-66.

[34] 李郡. 改革国有资本授权经营体制的时代内涵[J]. 上海市经济管理干部学院学报,2018,16(05):30-35.

[35] 李政. "国进民退"之争的回顾与澄清——国有经济功能决定国有企业必须有"进"有"退"[J]. 社会科学辑刊,2010(05):98-102.

[36] 李中义. 国有经济的功能定位与战略调整——兼评"国进民退"[J]. 财经问题研究,2014(02):17-22.

[37] 李明敏,李秉祥,惠祥. 混合所有制企业资源异质股东共生关系形成机理——以中国联通混改方案为例[J]. 经济学家,2019(06):70-79.

[38] 廖红伟,张楠. 混合所有制下国有企业绩效检验与改革构想[J]. 学习与探索,2016,(04):108-114.

[39] 刘美芬. 高管政治联系对民营企业创新绩效的影响——董事会治理行为的非线性中介效应[J]. 科研管理,2019,40(05):233-243.

[40] 刘青山. 下篇:那些已经"消失"的地方国资委[J]. 国资报告,2016(08):44-47.

[41] 刘青山. 改革标杆:从管资产到管资本[J]. 国资报告,2018(11):49-51.

[42] 刘纪鹏,黄习文. 组建国有资本运营公司——国资改革突破口[J]. 首都经济贸易大学学报,2014,16(1):41-44.

[43] 刘纪鹏,岳凯凯. 实现经营性国资的统一监管[J]. 政治经济学评论,2015,6(06):22-27.

[44] 刘纪鹏,刘彪,胡历芳. 中国国资改革:困惑、误区与创新模式[J]. 管理世界,2020,36(01):60-68+234.

[45] 刘军国. 淡马锡模式的剖析与借鉴[J]. 宏观经济管理,2014(09):87-89+92.

[46] 刘建华,付宇,周璐瑶,徐东辉. 我国国有企业性质的重新审视——由"国进民退"或"民进国退"引发的思考[J]. 经济学家,2011(12):57-62.

[47] 刘学. "空降兵"与原管理团队的冲突及对企业绩效的影响[J]. 管理世界, 2003(06): 105-113.

[48] 陆智强, 李红玉. 监督强度、决策效率与董事会规模——来自中国上市公司的经验证据[J]. 上海经济研究, 2012, 24(11): 34-44.

[49] 罗新宇, 田志友, 朱丽娜. 地方国有资本投资运营公司发展现状与趋势展望——基于12省市国有资本投资运营公司的调查分析[J]. 国资报告, 2017(02): 104-107.

[50] 罗华伟, 干胜道. 顶层设计:"管资本"——国有资产管理体制构建之路[J]. 经济体制改革, 2014(06): 130-134.

[51] 罗清和, 温思美. 21世纪深圳经济发展的动力源:制度创新——兼论国有资产三级授权经营制[J]. 经济理论与经济管理, 1999(01): 7-13.

[52] 骆家骙. 基于企业边界扩展的企业集团财务管控模式研究[J]. 会计研究, 2014(09): 68-73+97.

[53] 马治尔. 解决国企改革三重难题[J]. 上海国资, 2016(2): 25-27.

[54] 马宁. 董事会规模、多元化战略与企业风险承担[J]. 财经理论与实践, 2018, 39(04): 73-79.

[55] 马忠, 张冰石, 夏子航. 以管资本为导向的国有资本授权经营体系优化研究[J]. 经济纵横, 2017(05): 20-25.

[56] 马连福, 王元芳, 沈小秀. 中国国有企业党组织治理效应研究——基于"内部人控制"的视角[J]. 中国工业经济, 2012(08): 82-95.

[57] 马连福, 王元芳, 沈小秀. 国有企业党组织治理、冗余雇员与高管薪酬契约[J]. 管理世界, 2013(05): 100-115+130.

[58] 马一. 股权稀释过程中公司控制权保持:法律途径与边界 以双层股权结构和马云"中国合伙人制"为研究对象[J]. 中外法学, 2014, 26(03): 714-729.

[59] 马立行. 美国双层股权结构的经验及其对我国的启示[J]. 世界经济研究, 2013(04): 30-34+88.

[60] 马庆国, 胡隆基. 再论国有财团体制:国有资产管理体制再造[J]. 管理世界, 2003(07): 136-138.

[61] 马庆国. 国资财团——大型国有企业再造的关键[J]. 管理世界, 2000(05): 108-115.

[62] 孟庆春, 王涛. 基于博弈分析的国有资本进退机制研究[J]. 山东大学学报(哲学社会科学版), 2007(05): 92-97.

[63] 强舸. 国有企业党组织如何内嵌公司治理结构？——基于"讨论前置"决策机制的实证研究[J]. 经济社会体制比较, 2018(04): 16-23.

[64] 阮震. 国有企业资本运营应理顺四大关系[J]. 经济评论, 1998(04): 35-37.

[65] 任伟林. 国有企业集团母子公司的管控模式[J]. 统计与决策, 2012(11): 178-181.

[66] 荣刚, 李一. 国有资本投资运营公司中的党组织参与治理研究[J]. 理论学刊, 2016(03): 48-53.

[67] 沈昊, 杨梅英. 国有企业混合所有制改革模式和公司治理——基于招商局集团的案例分析[J]. 管理世界, 2019, 35(04): 171-182.

[68] 宋建波, 文雯, 张海晴. 科技创新型企业的双层股权结构研究——基于京东和阿里巴巴的案例分析[J]. 管理案例研究与评论, 2016, 9(04): 339-350.

[69] 孙志明. 三十年国企改革的阶段特征[J]. 社会科学战线, 2009(03): 15-22.

[70] 王彤. 世界各国国有资产管理体制比较[J]. 经济与管理研究, 2006(6): 86-91.

[71] 王灏. 淡马锡模式主要特征及其对我国国企改革的启示[J]. 中共中央党校学报, 2011, 15(5): 50-54.

[72] 王珺. 政企关系演变的实证逻辑——我国政企分开的三阶段假说[J]. 经济研究, 1999(11): 69-76.

[73] 王金胜, 陈明. 我国国有企业改革: 历程、思路与展望[J]. 华东经济管理, 2008(08): 25-28.

[74] 王倩倩. 打造国有资本投资公司升级版[J]. 国资报告, 2019(03): 62-65.

[75] 王宝库. 中外国有资产管理模式比较研究[J]. 经济学动态, 2003(03): 36-40.

[76] 王新红. 论企业国有资产管理体制的完善——兼论国资委的定位调整[J]. 政治与法律, 2015(10): 129-141.

[77] 王学东. 国有资本运营目标的分层定位[J]. 经济学动态, 2001(05): 25-27.

[78] 王元芳, 马连福. 国有企业党组织能降低代理成本吗？——基于"内部人控制"的视角[J]. 管理评论, 2014, 26(10): 138-151.

[79] 王建文. 论淡马锡董事会制度在我国商业类国有公司改革中的运用[J].

当代法学, 2018, 32(03): 60-67.

[80] 王骜然, 胡波. 双层股权结构研究进展[J]. 经济学动态, 2018(09): 115-127.

[81] 汪洋. 改革政府机构是实行政企分开的关键[J]. 经济学动态, 1998(08): 3-7.

[82] 文宗瑜, 宋韶君. "十三五"国资国企改革攻坚战[J]. 董事会, 2016(2): 32-37.

[83] 文宗瑜, 宋韶君. 国有资本运营职能从国有企业剥离的改革逻辑及绩效评价体系重构[J]. 北京工商大学学报(社会科学版), 2018, 33(2): 10-17.

[84] 文宗瑜. 从垄断到所有制的混合——论基本制度层面上的中国国资改革[J]. 人民论坛·学术前沿, 2014(07): 66-71.

[85] 吴晓晖. 三层架构国有资本运营模式下的出资人及其权利配置[J]. 法学, 2008(06): 75-77.

[86] 吴骥. 关于北京市改组改造国有资本投资运营公司的思考和建议[J]. 北京市经济管理干部学院学报, 2015(3): 28-33.

[87] 项安波. 重启新一轮实质性、有力度的国企改革——纪念国企改革40年[J]. 管理世界, 2018, 34(10): 95-104.

[88] 肖金成, 李军. 设立国有资本运营公司的几个关键问题[J]. 人民论坛·学术前沿, 2016(1): 33-43.

[89] 肖太庆. 省属企业集团管控模式选择理论分析框架及概念模型构建[J]. 湖南社会科学, 2014(06): 148-151.

[90] 谢志华. 国有资产授权经营体系: 理论和框架[J]. 北京工商大学学报: 社会科学版, 2016, 31(4): 4-13.

[91] 谢靖宇, 蔡奕. 我国上市公司监事会制度的演变趋向——从海外实践的视角[J]. 证券市场导报, 2012(12): 61-66.

[92] 谢永珍. 基于治理成本与治理收益的董事会规模研究[J]. 南开学报, 2006(04): 113-117.

[93] 徐传谌, 翟绪权. 国有企业分类视角下中国国有资产管理体制改革研究[J]. 理论导刊, 2016(5): 46-53.

[94] 严若森, 吏林山. 党组织参与公司治理对国企高管隐性腐败的影响[J]. 南开学报(哲学社会科学版), 2019(01): 176-190.

[95] 银温泉. 政企分开的可行性研究[J]. 经济研究, 1998(02): 38-45.

[96] 于东智,池国华. 董事会规模、稳定性与公司绩效:理论与经验分析[J]. 经济研究,2004(04):70-79.

[97] 袁东明,陶平生. 国有资本投资运营公司的运行与治理机制[J]. 发展研究,2015(6):7-13.

[98] 袁境,白煜. "淡马锡"模式与中国国资管理机构的角色定位[J]. 经济体制改革,2006(05):50-54.

[99] 张春流,章恒全. 集团化企业管控模式选择评价体系的构建与应用[J]. 学海,2014(04):213-216.

[100] 张炳雷,王振伟. 国有企业资本运营管理的问题探析[J]. 经济体制改革,2016(02):24-28.

[101] 张冰石,马忠,夏子航. 基于国有资本优化配置的混合所有制改革实施模式[J]. 经济体制改革,2019(02):20-26.

[102] 张迟. 国有资本投资运营公司监管分析[J]. 中国经贸导刊,2017,(27):27-29.

[103] 张林山,蒋同明,李晓琳,刘现伟. 以管资本为主 加强国资监管[J]. 宏观经济管理,2015(09):27-31.

[104] 张霖琳,刘峰,蔡贵龙. 监管独立性、市场化进程与国企高管晋升机制的执行效果——基于2003—2012年国企高管职位变更的数据[J]. 管理世界,2015(10):117-131+187-188.

[105] 张维达,吴宇晖. 国企改革要求政资分开和转变政府职能[J]. 经济学动态,1999(01):10-13.

[106] 张占奎,王熙,刘戒骄. 新加坡淡马锡的治理及其启示[J]. 经济管理,2007(02):90-96.

[107] 赵北亭,郑旭红,孙林岩,汪应洛. 国有企业资本运营中政府介入的效率研究[J]. 中国软科学,1998(09):102-105.

[108] 赵玉洁. 董事会规模和结构的影响因素研究[J]. 山西财经大学学报,2014,36(03):90-100.

[109] 郑海航. 内外主体平衡论——国有独资公司治理理论探讨[J]. 中国工业经济,2008a(7):5-15.

[110] 郑海航. 中国国有资产管理体制改革三十年的理论与实践[J]. 经济与管理研究,2008b(11):5-14.

[111] 钟熙,宋铁波,陈伟宏,翁艺敏. CEO任期、高管团队特征与战略变革[J]. 外国经济与管理,2019(06):3-16.

[112] 周婷婷. 国企高管腐败、风险信息与责任承担——基于党组织甄别免责动机的视角[J]. 财贸研究，2016，27(06)：122-130.

[113] 周建军. 新加坡"淡马锡模式"的政治经济学考察[J]. 马克思主义研究，2015(10)：73-81.

[114] 周泽红. 国有经济改革与发展的几个理论问题辨析——从"国进民退"的争论谈起[J]. 理论探讨，2011(03)：166-169.

[115] 朱方伟，宋昊阳，王鹏，赵萌萌. 国有集团母子公司管控模式的选择：多关键因素识别与组合影响[J]. 南开管理评论，2018，21(01)：75-87.

[116] 朱方伟，杨筱恬，蒋梦颖，王大刚. 子公司角色对集团内部管控模式的影响研究[J]. 管理学报，2015，12(10)：1418-1428.

[117] Bartlett C. A., Ghoshal S.. Managing across Borders: The Transnational Solution[J]. Academy of Management Review, 1999, 21(3): 20-22.

[118] Chenhall R. H.. Management Control Systems Design within Its Organizational Context: Findings from Contingency-based Research and Directions for the Future[J]. Accounting, Organizations and Society, 2003, 28(2): 127-168.

[119] Edwards R., Ahmad A., Moss S.. Subsidiary Autonomy: The Case of Multinational Subsidiaries in Malaysia[J]. Journal of International Business Studies, 2002, 33(1): 183-191.

[120] Egelhoff W. G.. How the Parent Headquarters Adds Value to an MNC[J]. Management International Review, 2010, 50(4): 413-431.

[121] Fan P. H., T. J. Wong, T. Zhang. Politically Connected CEOs, Corporate Governance and Post-IPO Performance of China's Newly Partially Privatized Firms[J]. Journal of Financial Economics, 2007, (84): 330-357.

[122] Goold M., Campbell A., Alexander M.. Corporate-level Strategy: Creating Value in the Multibusiness Company[J]. Long Range Planning, 1995, (28)5: 119.

[123] Kald M., Nilsson F., Rapp B.. On Strategy and Management Control: The Importance of Classifying the Strategy of the Business[J]. British Journal of Management, 2000, 11(3): 197-212.

[124] William G. Ouchi. A Conceptual Framework for the Design of Organizational Control Mechanisms[J]. Management Science, 1979,

25(9): 833-848.

[125] Vancil R. F.. Decentralization: Management Ambiguity by De-sign[J]. Strategic Management Journal, 1980, 1(1): 99-100.

[126] Yiu D., Bruton G. D., Lu Y.. Understanding Business Group Performance in an Emerging Economy: Acquiring Resources and Capabilities in Order to Prosper[J]. Journal of Management Studies, 2005, 42(1): 183-206.

附录一 座谈调研与走访进度

一、调研准备阶段

2018年12月26日,应急项目碰头会,讨论研究报告框架、最终研究成果框架。2019年1月3日,应急项目碰头会,讨论研究报告写作进展,商量调研题目,研究生李昊翔加入,协助张瑶老师工作。研究生袁苗苗协助郭文老师工作(见附表1-1)。

附表1-1 座谈调研与走访进度表

序号	时间	地点	主题	参加人员
1	2018年12月26日上午	南京财经大学德济楼343办公室	讨论研究报告框架、最终研究成果框架	应急项目组
2	2019年1月3日上午	南京财经大学德济楼343办公室	讨论研究报告写作进展,商量调研题目	应急项目组
3	2019年1月18日上午	省财政厅12楼会议室	项目开题会议	财政厅领导、厅国资处领导、应急项目组
4	2018年1月25日下午	省财政厅5楼会议室	经营性国有资产统一监管的问题	财政厅国资处领导、国有企业负责人、应急项目组
5	2018年1月26日上午	南京财经大学科技园13楼会议室	国有资本运营公司的治理	财政厅国资处领导、国有企业负责人、应急项目组
6	2019年1月26日下午	南京财经大学科技园13楼会议室	项目后续安排	财政厅国资处领导、应急项目组
7	2019年1月28日下午	江苏省有色金属华东地质勘查局走访调研	统一监管与运营公司的问题	财政厅国资处领导、省有色金属华东地质勘查局领导、应急项目组

续 表

序 号	时 间	地 点	主 题	参加人员
8	2019年1月29日下午	省财政厅5楼会议室	统一监管与运营公司的问题	财政厅国资处领导、省国资委领导、应急项目组
9	2019年1月30日下午	南京财经大学科技园13楼会议室	讨论项目研究报告目录	应急项目组
10	2019年2月15日上午	江苏省建设厅20楼会议室	事改企的企业（省城市规划设计研究院、省城乡规划设计研究院）统一监管的问题	应急项目组

注：根据调研走访和咨询会的具体情况统计。

二、调研阶段

2019年1月18日，在江苏省财政厅12楼召开项目开题会，赵副厅长，资产处林处长、李副处长、赵副处长、应急项目组姚院长、著者、胡教授，以及江苏省财税协同创新中心工作人员参加。2018年1月25日下午，江苏省财政厅5楼会议室，召开座谈会。参加人员：江总［立信中联会计师事务所（特殊普通合伙）］，丁总（江苏省燃料集团有限公司），都总（江苏省体育产业集团有限公司），周总（江苏省苏豪控股集团有限公司）。省财政厅李副处长、赵副处长、吴副处长、周科长，应急项目组姚院长、胡教授、著者、朱老师，东南大学陈教授及其两个博士生，江苏省财税协同创新中心工作人员陈老师等参加（见附表1-1）。

2018年1月26日上午，在南京财经大学科技园13楼召开座谈会。参加人员：毛总（江苏远洋运输有限公司），顾总（江苏省农垦集团有限公司），谢总（诺德科技股份有限公司），盛总（常州迈咔达复合材料有限公司）。省财政厅李副处长、赵副处长、周科长，应急项目组姚院长、胡教授、著者、朱老师、张老师、郭老师、丁老师、徐老师、卜总，东南大学陈教授的两个博士生，以及江苏省财税协同创新中心陈老师老师等参加。

2019年1月26日下午，在南京财经大学科技园13楼召开座谈会。参加人员：省财政厅李副处长、赵副处长、吴副处长、陈副处长、周科长等，应急项目组姚院长、胡教授、著者、朱老师、张老师、郭老师、丁老师、徐老师、卜总，东南大学陈教授的两个博士生，以及江苏省财税协同创新中心陈老师参加。讨论项目后续安排。

2019年1月28日下午,在江苏省有色金属华东地质勘查局及出资企业召开座谈会。参加人员:省财政厅李副处长、赵副处长、吴副处长、陈副处长、周科长等,应急项目组姚院长、胡教授、著者、朱老师,东南大学陈教授以及博士生、卜总,以及江苏省财税协同创新中心陈老师参加。座谈对象为江苏省有色金属华东地质勘查局及出资企业领导。讨论统一监管、运营公司构建。

2019年1月29日下午,江苏省财政厅509会议室,省财政厅李副处长、赵副处长、吴副处长、陈副处长、周科长等,应急项目组姚院长、胡教授、朱老师,东南大学陈教授以及博士生,以及江苏省财税协同创新中心陈老师参加。座谈对象包括省国资委领导;讨论统一监管、运营公司构建。

三、报告写作阶段

2019年1月30日上午,南京财经大学科技园13楼会议室,应急项目组讨论研究报告目录。2019年2月15日上午,江苏省建设厅2103会议室,省厅李副处长、赵副处长、吴副处长以及周科长,以及建设厅金处长、城市规划院、城乡规划院相关领导,应急项目组姚院长、胡教授、朱老师、著者,江苏省财税协同创新中心王老师参加调研。讨论统一监管、运营公司构建。

2019年2月18日上午至中午,江苏省财政厅509会议室,省厅李副处长、赵副处长、陈副处长以及周科长,应急项目组姚院长、胡教授、朱老师、著者、郭老师,江苏省财税协同创新中心王老师参加项目讨论会,就统一监管、国有资本的运营公司项目具体问题进行讨论。

2019年2月18日下午,南京市财政局16楼会议室,省厅干副厅长、李副处长、赵副处长、陈副处长以及周科长,以及南京市财政局张副局长、资产处、南京市国资委、南京新工集团、相关区国资办负责人,应急项目组胡教授、朱老师、著者、郭老师,江苏省财税协同创新中心王老师参与调研统一监管、运营公司构建问题。

2019年2月19日上午,江苏省地质勘探局33号楼4楼会议室,省厅李副处长、赵副处长、吴副处长以及周科长,以及地质厅相关领导,应急项目组姚院长、胡教授、著者、张老师,江苏省财税协同创新中心王老师调研统一监管问题。

2019年2月25日上午,南京财经大学德济楼343办公室,应急项目组著者、郭老师、张老师、许老师研究报告研讨。

2019年2月27日上午,江苏省财政厅12会议室,省厅赵副厅长、王副厅长、李副处长、赵副处长、陈副处长以及周科长等,以及应急项目组姚院长、著者、朱老师、许老师、丁老师,江苏省财税协同创新中心老师,财政部财科所文宗瑜教授等进行项目指导、专家咨询会。

2019年2月27日下午,江苏省财政厅509会议室,省厅李副处长、赵副处长、陈副处长以及周科长等,以及应急项目组姚院长、著者、胡教授、朱老师、郭老师、丁老师,江苏省财税协同创新中心王老师,财政部财科所温宗瑜教授等进行项目研讨。

四、组建方案形成阶段

2019年3月1日上午,江苏省财政厅12楼会议室,省厅赵副厅长、王副厅长、李副处长、赵副处长、陈副处长以及周科长等,以及应急项目组姚院长、著者、胡教授、朱老师,江苏省财税协同创新中心王老师等进行统一监管方案、运营公司组建方案写作布置会。

2019年3月5日下午,江苏省财政厅5楼会议室,省厅李副处长、赵副处长、陈副处长以及周科长等,以及省编制办负责人,应急项目组著者、胡教授、江苏省财税协同创新中心王老师等进行统一监管方案、方案汇报会。

2019年3月11日下午,江苏省财政厅5楼会议室,省财政厅国资处林处长、李副处长、赵副处长、周科长,应急项目组姚院长、著者,以及咨询专家、事改企代表、党政机关事业单位经营性国有资产单位代表,江苏省财税协同创新中心王老师等讨论国有资本的运营公司注册资本金问题。

2019年8月21日上午,江苏省财政厅5楼会议室,省财政厅国资处李副处长、赵副处长、陈副处长、周科长,项目组胡晓明教授、著者讨论咨询报告写作(见续附表1-1)。

续附表1-1 座谈调研与走访进度表

11	2019年2月18日上午	省财政厅5楼会议室	统一监管与运营公司研讨会	财政厅国资处领导、应急项目组
12	2019年2月18日下午	南京市财政局16楼会议室	经营性国有资产统一监管	省厅领导、市局领导、各区县国资管理部门、市国资委领导、国有资本的运营公司改革试点企业负责人、应急项目组
13	2019年2月19日上午	省地质厅33号楼4楼会议室	统一监管、行业改革与运营公司的问题	省财政厅领导、地质厅领导、应急项目组

续 表

14	2019年2月25日上午	南京财经大学德济楼343办公室	研究报告研讨	应急项目组
15	2019年2月27日上午	省财厅12会议室	国有资本运营授权改革及两类公司设立的若干问题	省厅领导、文宗瑜教授、应急项目组
16	2019年2月27日下午	省财政厅509会议室	统一监管与运营公司治理专家咨询会	文宗瑜教授、省厅国资处领导、应急项目组
17	2019年3月1日上午	省财政厅12楼会议室	统一监管、运营公司组建方案	省厅领导、应急项目组
18	2019年3月5日下午	省财厅5楼会议室	统一监管、运营公司人员安置	省厅国资处领导、省编制办、应急项目组
19	2019年3月11日下午	省财政厅5楼会议室	国有的资本运营公司注册资本金的研讨	省厅国资处领导、咨询专家、事改企代表、党政机关事业单位经营性国有资产单位代表、应急项目组
20	2019年8月21日	省财政厅5楼会议室	讨论咨询报告(结题)的写作	省财政厅国资处李处长、赵处长、陈处长、周科长、项目组胡晓明教授、于成永

注:根据调研走访和咨询会具体情况统计。

附录二　省会计领军人才非结构性访谈

李副处长：

大多数企业在 7 家主管部门的名下，资产总量达 5 000 万元以上的有 31 家。企业户数多，但是比较散，以小微企业为主。教育系统正在试点，所以暂时不考虑教育系统内的企业。

作为事业单位的资产，可以给企业做经营，实际所有的利润都来自经营。要清理一批僵尸企业，政企不分的企业，政企关系一定要斩断，斩断的方法就是不要继续经营。先将经营性资产和行政事业单位脱离分开，事业单位的经费缺口最终还是财政来补，不该再办企业。

党政事业单位的用房标准都有规定，行政用房面积都有核定的标准，如果把办企业这部分解决了，那么富余的资产就有了，未来都是要列入集中统一的监管。省一级的层面上资产比较多，事业单位也比较多，机关有富余的办公用房全要拿出来出租，出租的所有费用必须交到财政的综合专户，这是未来的管理方向，管理的目的和方向会越来越规范。在进行课题研究和实务研究时，要领先于现实，给未来做规划。中央文件中有一条，经营性资产集中统一的监管过程中，在组建运营公司中，也要预算，要与改革相匹配，难度较大，可以由易到难，能够自主运营的和有完整资产的可以优先划进来。1998 年以后，我们已经开始党政政企分开，党政机关的下属企业已经基本不存在。以前事业单位办企业最大的目的就是解决人员和经费问题。目前进入改革深水区，剩余问题比较艰难。从北京来看，监事会的这些方式基本被否定。

中央文件有两种方式：一是一般盈利企业市场化比较强的，与原有主管部门没有太大联系的，可以装进运营公司里面。二是很大部分由原有主管部门的公共事业的职能衍生，可部分保留。我们倾向和主管部门能容易沟通的，可以考虑纳入，应该先易后难，比较困难的问题放在后面慢慢解决。

目前归属国有净资产的有 98 亿元，除去高校的有 78 亿元。房产土地注册到企业的比较少。不排除未来运营公司组建后事业单位的房产会划进来，因出租越来越少，经营收入要交给财政，很多事业单位的房产都改为自用，下一步可能会清查,可以注入运营公司中。事业单位出租房产和纪委是联网的,所以这些出租未报的情况没有。提议给管理层股权,才能提高人员的积极性。

赵厅长说,我们的公司一定要先进,不能管太细,又该如何区分。每类资产的管理和改革的目的,不是成立一家在国民经济领域举足轻重且能赚钱,对整个国民经济布局重大影响的企业,我们的基础是解决改革中的难点问题,如何进一步理顺关系党政机关和事业单位的关系。搭建好相应模式后才能更好地吸引人才。绩效管理也要和其他国有企业有所不同。可以先研究选取的企业,后面再推进监管。

赵副处长:

2018年,对行政事业单位下面所办的企业进行摸索,970户在50个主管部门名下,其中50户以上在7个主管部门名下,主要分布在地矿、华东有色等。7家主管部门的企业有653户。

我们的运营公司一定要与国资委有所区别。

之前是管人、管事、管资产,现在是以"管资本"为主,加强国有资产监管。一种是资产运营公司,一种是出资人监管,作为股东当然要对公司进行管理。股东的三大权益是国有资本的决策权、收益权以及用人权。还有一种是国资委层面,不是股东出资人来监管,应从宏观的国有资本的战略布局上进行监管,国有资本往哪里布局,这才是国资委需要管的,集中到关键领域、关键行业。国资委变成出资人,不该做微观监管,应像证监会、保监会那样,从资本行业进行管理。

国资委应该制定制度和规则,具体执行由出资人来解决。

企业要上市了,财政部门或者国有资产监管部门要确认各个环节有无问题,有些方面手续是否完整。

吴副处长:

管人、管事、管资产,加入管导向,管布局,管运作,管回报,管安全。国有资产如何保持增长,事业单位如何发挥潜能,人员积极性如何提升,需要寻找一种好的机制,统一监管。

第一,我们财政的综合监管在哪里,应该如何管理,这种管理应有利于企业的健康发展,如何履行应该考虑。第二,痛点在哪里,1 500多家企业的财政厅就50几人,是管不过来的,但如何有序发展,该如何承担责任,才是该解决的问题。先考虑,然后通过这种机制,既要符合中央的精神,同时要有利于企业的增长,做好企业是对社会做贡献,也是经济增长点。如何使我们的国有资产保值增值,能理顺关系,这也是该考虑的。事业单位如何发挥潜能和积极性,具体到企业的人如何提高积极性,最大的因素在于人。我们需要做的是寻找一种好的互动关系,就是我们所说的机制,就是统一监管如何管理,既能让企业有活力,同时提高企业积极性。

人、财、物的问题该如何理顺。从财政部的角度来举例,对于上市公司和所有股权必须确权,22号文明确规定只有省级财政能对县市的上市公司国有股权确权,我们是管不到这个位置的。这些问题能否解决,关系到统一监管改革能否取得成效。

都总:

目前从数字上来说比较好统计。其实企业就是人、财、物的问题。总资产有这么多,但大多数事业单位或行政单位办的企业,资产并不太实,抽资现象特别严重,注册资本后期撤走后,但财务账面上依旧会存在,且有债权。目前体育产业集团接收了几家企业,这几家企业基本都存在注册资本不实的情况,真正的实物资产较低。账目资产整合后能否使用或之后价值如何,要打个问号。另外,业务方面比较关键,因所有的事业单位或行政单位主管的下属企业大多是依托行政主管部门负责的业务和行政事业单位的业务来开拓的。人员情况问题比较麻烦,表面可以解决,后期比较困难,退休人员补差问题,以及很多事业单位会有兼职,所以人员整合难度较大。

从现状来说,要按照能自主运营和完整资产来分类,有的能自主运营又有完整资产的企业,通过股权变更是比较好的;有的有资产、没人、无壳的企业,通过委托运营也比较好,也许未来效益会更好。但大量是拿进来以后业务容易断,会变不良资产。经营性资产的排查,涉及整个事业单位改革,改革未能推进完整,难度较大。如何把事业单位与经营性资产分出来也是问题,鉴定难度较大。建议统一监管平台,一步到位从股权划转会造成与原有主管部门脱节,因此需要分步走,先联合监管,加强监管。如何完善现有企业资产运营?若是仅有资产无实体可以委托经营;若是独立完整的企业可开展母、子企业关系去经营监管;若是有业务,但与党政事业组织切断后无业务的企业会比较麻烦。大量中小微的企业都会有这种情况。国有资本运营模式比较细化,企业分类需有相对应的机构。

如第一步划入清爽无太多争议的企业,对于组建公司压力不大。部门设置和公司章程的"三会"边界要分清楚,部门设置需要分类,子公司可以负责需要合营的企业。刚开始作为独立公司,可能需要考虑以后的运作和收入,不能指望子公司上缴款项。公司属于特殊公司,社会职能的机构可以简化一些,不一定需要太全,可以先用一套班子进行。

目前财政对文化企业比对国资管理得更自由些,最好可以放开一些,少参照国资委对一级部门的管理。

丁总:

首先需要对所有资产进行清产核资,摸清家底。建议成立二级公司,将经营类别相同的分类,整合到一个模块分管。目前国资委对企业监管保持到三级企业,四级企业都要求提档或关闭,僵尸企业需要清理。国资委目前管理比较细。建议监管以管资本为主,资本和人要结合起来。我们的运营公司一定要先进,也要强调国有资产收益问题,以及下达相关经营指标。体制架构要构建好,从体制层面解决经营问题,另外集资方面,主要是分配,即基本薪酬、绩效、股权的分配问题。混改的问题也要考虑。

周总:

组建国有资本的运营公司,需要有法规依据。即依据目前的《公司法》《企业国有资产法》《国有资产监督条例》,可以借鉴法律法规和国资委监管的经验,以及目前存在的问题;也可以借鉴省政府办公厅发布的以管资本为主的推进职能转变的方案。以"管资本"为主,加强国有资本监管,不干预企业的经营活动、法人财产权和经营自主权。以市场化的原则分类,条件成熟的可以划进,一定要产权清晰的。分专业类的,可以合并同类项的就合并同类项,房产土地需要明确。分步分类,以稳步推进为原则。

关于治理结构,治理结构分为股东会、理事会、党委会。人员少无法监管的企业,更多的是对国有的资本运营公司每年上缴的国有资本收益要有一个考核,通过预算和收益进行监管,更多的运营方面由财政厅授权国有的资本运营公司相关的董事会管理。对于人员管理,由董事会成立后挑选人才或市场化招聘。国有企业在梳理的过程中,需要着重推进有未来发展的,如不在发展之内可挂牌,通过资本市场出售。运营公司各管理层的职能需划分清晰,党委会需要贯彻中央政府各部门相应的政策,人事、薪酬也需要党委会讨论。二级子公司经营的重大事项需要党委会的前置决策。初步建立时期,党委会、董事会、总经理办公会人员会有重叠,财政厅可以把控。资本运营公司偏重于机关,无具体实体业务经营,对于不同业务可以设部门。目前看定义倾向于财务投资公司,是该成立纯粹的运营公司还是投资公司,也是问题。可以先市场公司化,再一步一步运营。

国资监管是终生追责,追责要有,但不要太强制。国资监管分配机制不灵活,强度应该有些区别。如划进企业比较清晰,也清楚它的方向,市场开拓性还是保守性,最好有针对性。

江总：

从背景来看，意义重大，需要做出特色。运营公司类别可以分成三类：一类是可以对外出租类；二类是自营性资产类；三类是对外投资类。我觉得名称更适合资产管理公司。运营公司需要进行清产核资。关于构建后的运作问题、股东权益的限制和实施问题，目前是无解的。

如参照国资委的考核，运营公司应该如何考核。人员管理方面，如定岗定编是否会打击积极性，因而有些限制。重大经济活动，出资人应参与其中。资产管理和运营公司能否合二为一，监管体制能否有参照性，资源能否严格区分，如何保证指标的科学性，行政命令是否完全市场化，关于决策和机制如何把控等等有待于探讨。资本运营公司的筹建，董事会需委派人员或成立外部独立董事。

李副处长：

财政只将成立一个运营公司。从中央的做法来看，国家部属的企业也是在做事业单位经营性资产的统一监管，整体成立一个运营公司，直接装入财政部全资公司的子公司下，实际就是若干平台整合在一起。文化体育目前不是整合的范围，党政机关和事业单位在如何进行整合的过程中有几个方向：一是一般营运性企业，整体划转到财政运营公司中，和原单位脱钩。二是跟原单位公共事业职能有关系的，原单位可以保留部分股权，来保持对企业的影响力，采用财政占有部分股权，原单位占有部分股权的这种性质。三是所谓的文化和国家层面涉及外事外交的类别，保持现有的体制不变，不在目前组建平台的范围之内，未来取决于以后的顶层设计，目前所属的体育产业集团在省里是列入文化企业来管理的，相对没有国资委管理严格。文化企业是"两效"统一的，即社会效益和经济效益，由这两个指标来考核。目前高校在做试点，暂时不考虑进运营公司。给企业更多自主权，是首要考虑的，财政组建公司的本意在于希望监管体制设置得更合理，相对超脱些。

有些事业单位为了弥补经费不足，会对外出租楼房，对于这些零散的也纳入财政监管，需要财政审批公开招租，可以建立集中经营。高黏性企业采取原单位持股的方式。

赵副处长：

我们的运营公司将是独立的，不设置监事会。

省里评级一般是 B 级，中央企业是 A 级。

毛总、顾总：

作为企业主体来说，我们现在推进中国社会主义市场经济的建设，企业主体的地位是要确立的。我们越来越多地参与国际竞争,有些政府和企业的关系没有完全理顺,有些国家认为中国政府对市场的干预是比较深的。不论是企业集团,还是以企业集团为主体成立的国有投资或运营公司,不管资产规模还是在行业里的影响力,近几年的发展是比较快的。一些新技术、新能源、新环保等前期投入比较大,需要进行引导。很多的民间资本是不太愿意进来的,这时就需要具有我们国有背景的公司在里面起到引导作用,承担更多的职能。现在包括"一带一路",国家战略的企业都在"走出去",在全球行业的排名也在不断上升,这就是国有资产改革所带来的。

有很多企业有段时间不太想作为,是因为一些追责机制,企业都是会有风险的,但是应该考虑如何承担以及控制这些风险。参与决策的人,董事会的机制和董事会的人员再完善,都会有不同的意见,越来越多的人会发表不同意见,主要是想要免责,这样就会带来决策的效率很差。在现有的监管体制下,比如,国资委批重大项目还是会比较谨慎的,这就会导致效率低下。

扩大试点对国有资产体系的管理机制进行改革,也是必要的。用最接近市场的人去参与对市场的研究,对投资企业进行管理,相比目前的管理机制是更优化的。现在的企业制度都很健全,如权责明确、权责对等、运转协调、有效制衡,包括人员配备,董事会成员、总经理市场化的选聘、总经理的工作细则。但其中仍然暴露出重大的问题。虽然一些操作性的风险在很大程度上得到有效控制,但是对企业影响最大的往往来源于重大决策产生的风险,所以人员是要不断更新和学习的。国有企业在不断完善,但和先进企业相比还是存着比较大的差距,特别是决策方面,真正要发挥作用的是法人结构、人员配备,这些一定要到位。

人发挥价值需要平台,价值需要合理认定,平台该有评价考核,资产价值不要虚估评价指标。市场竞争程度是否充分,要区别对待。

政策性的一般营利性是比较强的。党委会在国有企业中的核心地位越来越强化,现在的章程都会比较明确。党委会若有交叉任职的,董事会成员专业结构需要比较健全,目前董事长或党委书记都是委派,他们的宏观思维会比较强,对中央省委省政府在某些领域需要推进的计划理解得比较强,但对职权的边界就没那么清晰,这就需要更多学习了解。市场化聘用的总经理也较少,基本是委派或从相关企业调入,最好要有运营企业经验的人员。成立战略部门、法律部门是很重要的。财务、审计和人力资源部门也是不可或缺的。

投资和运营是不同的,在投资平台运营也是可以的,因此设置激励机制是非常重要的,无效激励和过度激励需要杜绝。

财政层面的投资运营平台就一个,可设立若干个平台公司。公司可将资源集中在大概三个主业定位上,不鼓励大量地投入副业,重点培育优势领域。

运营公司可以定义为控股公司或集团公司。组建方案很重要,平台搭建后开展工作会面临几个问题:① 发现优势领域或形成优势领域,需加大投资的,就需要资金。② 运营也需要资金,财政越是加大投资越有利。现金出资的比例或者规模要综合几个方面来考虑,对纳入的企业要有盈利的真实性,要对其质量有基本了解;对亏损和僵尸企业,他们是在消耗资本,对未来的安全稳定性有弊,是需要清理的。

能自我生存或带来增值的企业可以一步到位并入,同样也需要一定的了解,从历史指标是可以看出持续盈利的。平台运营的规模同样重要,规模小会对以后施展拳脚产生一些约束,市场化运营需要融资,如银行融资、资本市场融资、发债等多种形式融资,损益的规模也很重要,规模对于评级、信用、整体实力是不一样的,目前评AA+级比较合适。

华东有色受国际市场影响比较大,从全球性的宏观经济来看,波动对行业影响是比较大的,也会有一定压力。规模和质量是需要统筹考虑的,不论资产营收利润,前期对占比比较大的资产是要有一定了解的,对行业未来发展要有一定思考。

在组建初期正常运营会有一定过程,需要自主框架和制度体系的搭建。对于纳入的企业,不同阶段要有相应的管理,重大项目履行报送程序,在这个层面推进组织架构,不断发布既适用于集团也适用于企业管控的制度,加强对各个企业的深入调研,调整人员配备到位。自主开始定目标、定计划,分阶段开展。制度和体系是逐步推进的。

审计和纪检监察是有区别的,企业的纪检监察应更多地介入过程的管理,政府层面的纪检监察大多是事后,最好是可以多参与其中。

前期要加强监管,等完善后财政部门再适当放权。经营管理层的人员选择非常重要,甚至比董事会成员更关键。

谢总:

关于国有的资本运营公司的运作,跟企业集团的完全控股公司相差不大。经营的第一层次目的应该是有盈利的,提高运营效率,提升发展质量。第二层次目的是整合资源,内部资源整合或上下资源整合,外部资源不局限于省内,可放远至全球。第三层次目的是有一定的影响和控制力,还要实现当地的协同效应。战略能力需放在第一位,既然是国有资本,因为具有资本运作能力,所以需要有团队进行法律法规的研究,掌握资本运营的工具,整合金融层面的资产经营。风险管控要建立在治理架构和承受能力与预警体系上。资本运营公司的资产管理要保证,好的资源放入好的平台上,可以起到战略性先导作用。资本运营公司的资金管理也要保证,需高效地运用金融工具,提高融资效率。发挥金融的杠杆作用,可运用 IPO、股权置换,以及通过增值控股、借壳等多种方式。

盛总:

保值和增值的依据是战略方式的宏观搭建,对于事业单位设点较多,运营公司要分板块运营,人才团队的搭建,资本运作类要有国际视野和前瞻性、专业性。

卜总:

在公司的背后藏着很大的资产和债务,保持国有资产增值,重视把控行业,改革分为改效益,改政企和事企之间的关系。高融合、高黏性的现状问题有:事业单位都有一定的共性,实际上是多部门进行行政管理,监事会不是很清晰,部门的特征比公司的特征要明显。上级主管规定的空间较小,因此治理结构和规范化很重要。针对企业干部的管理也要考虑清楚。对业务类型和资产类型要有业务、业绩、关系的分类。在管理架构上,第一层面为资本层次控股公司;第二层面为若干板块合并同类项,可称为战略层次;第三层面为子公司,可称为运营管理层次。

附录三　省有色金属华东地质勘查局非结构性访谈

在江苏省有色金属华东地质勘查局及出资企业召开座谈会。

顾局：

我们局成立于1956年，早期为江苏和华东地区矿山资源勘查做出重大贡献。江苏80%的金属矿山资源都由我们找到，例如，江苏梅山铁矿、铜井金矿、幕府山白原石矿、六合冶山铁矿等。我们原来是部属企业，其间两上两下，分别在20世纪70和80年代下放到地方，再收回到部属企业，从开始的中国冶金部到金属有色总公司。2000年最后一次下放到江苏省政府直属事业单位，2006年随着国务院进一步加强工作时，我们扩大了队伍，2007年成立了一个控股公司，和局是一套班子两块牌子，局里80%的人和90%的资产都在控股公司。2016年才逐步分开。

花总：

控股公司成立于2007年4月份，华东局全资的一个公司。2018年经营产值是28亿元，营业收入是25.6亿元，利润是1.5亿元。截止到2018年第三季度末，控股公司总资产是34.55亿元，总负债是25.16亿元，净资产是9.39亿元。控股公司总职工有1 625人，其中企业编制525人，其余是事业编制。

控股公司全资和参股的一共有71家企业，有部分正在注销和清理，还有65家企业。有17家直属企业，分三个业务板块：一是地质勘查板块，主管6个企业，2018年经营产值是3.3亿元，收入是2.7亿元，利润是1 022万元。二是工程建筑板块，主管6个企业，2018年经营产值是17.9亿元，收入是16.8亿元，利润是3 500万元。三是矿业开发板块，境内企业由江苏华资矿业投资统一管理，可减少成本。

决策机制是"三重一大"，300万元以上的上报局内，200万～300万元的上报控股公司董事会，200万元以下的上报经营层。去年年底国内外矿业权有43个，其中，境内有22个，境外有21个。

胡总：

控股公司实行董事会，非全资公司实行董事会和监事会，全资公司实行执行董事。2018年主要是减少事业单位处级干部兼职，提高决策效率，实行执行董事。按照党建依法成立，党团关系已全部健全。企业中事业编制的人员有级别，企业人员无级别。控股公司董事会有5人，监事会有3人。

经营性资产的90%都注入了控股公司，除土地房屋以外的90%的资产都在企业，总资产是50亿元，控股公司大约占35亿元。大部分事业编制人员在控股公司，大约有1000多人。企业领导基本是事业编制。

肖总：

目前事业身份人员从事企业工作，也要体现激励。在机关的人员一般是事业单位薪酬，在企业的人员薪酬较高于局内处级干部，但在省人社厅核定的工资范畴之内。事业的干部绩效和薪酬相对少点，而企业的干部会多一些，事业以管理服务为主。控股公司的管理部门与局机关基本合二为一。控股公司是单一全资股东，控股公司实际就是作为投资运营公司。

其他建议：拿着事业单位的工资做着企业的工作。行业要好，国资不能控股。目前基本是全竞争性行业，"两局一会"整合为公益性勘查局。地勘单位的改革是事业单位性质的地勘单位，20%属于生产经营类。

地勘单位分类改革面临二次分类改革。分离改革有两家最有典型性，辽宁的地勘单位改革，把有色、地矿、煤田、工业等五大系统列在一起，合并成地质勘矿集团，由发改委牵头，直接转企。这项改革所牵涉的人员问题造成大量上访，后来由政府出台人员安置的文件，目前人员在分流，已减少到原来数量的一半。目前比较好的是山东地矿集团，山东的国有资产监管进行得较早，山东地矿局是国内第一家上市公司，叫山东泰安。国资改革早，山东地矿局所属的公司全部划入山东地矿集团，企业领导班子身份要求转移，在充分征求大家意见的基础上，同意的职工可保留事业身份3年。相对来说，如果实施这项改革，局内单位划分较快，二级部门就会比较慢。3年过渡期资产交割不太清晰，导致有空档。

全资无资质的僵尸企业比较好清理，股份制的僵尸企业比较难清理。有资质发展不好的企业，不好平移或注销，不好清理。亏损严重的企业同样不好清理。在有效期内有矿业权的亏损企业，也无法清理。目前全资企业的清理有自行处理、携手合并方式和破产。

附录四　省国资委领导非结构性访谈

国资委吴处长：

国资委成立时，省政府要求经营性资产要统一监管，目前各个厅、局和高校的经营性资产都由国资委监管。中央推进党政机关、事业单位的经营性国有资产统一监管的试点。2002年的102号文规定，行政事业单位不允许成立行政企业，如果成立，要报省政府审批。成立运营公司，要先摸底了解企业数量，分清是老企业还是新企业，再对这些资产清产核资，全民所有制的企业朝公司所有制的企业改（可以制表给企业去填相关的资料）。行政事业资产记账简单，不同于生产运营企业，有可能账面资产多年未动，所以清产核资比较重要。最后再分类改革，分继续经营、划转、产权转让等，每种处理方法的政策不同。企业改制之前是采用"老人老办法，新人新办法"，老人如果是事业身份，还涉及安置的问题，实施办法需要定制，配套政策要到位。

省里的科研院所和勘察设计单位都是一刀切的，所有企业都要改。企业资产和人员比较麻烦，需要设计系统的可操作办法。

吴副处长：

事业单位办企业，这么多年性质有些变化。有些全民所有制和集体所有制的企业，会导致领导人去这些企业，却不知道还有这些不经营的企业。这次改革涉及正在运营的企业，一、二、三级企业共有1 500多家，一、二级企业共有1 100多家，全资、参股企业都包含在内，其次是小而散的企业。注册资本为5 000万元的企业有31家，归属于国有规模的净资产是98.92亿元（通过各家企业自报和核查取得的数据，仅供参考，省外和境外未覆盖）。从经营性质来看，它可以分三类：一是产学研，如高校；二是事业单位，如环保质检；三是市场经营性，如弥补事业单位经费不足而开创的。事业单位的经营目的是，解决经费不足，解决本单位职工的就业，并不是真正的经营。企业是股份制，小而散的企业没有董事和监事。企业管理也是杂乱无章，财务管理制度比较乱，人的监管很多是兼职。经营性的事业单位企业比较好的有7家，其余比较松散。7家单位中有所盈利，但潜力未发掘完全，资产、人员和管理都是影响因素，所以体制、机制、政策比较重要。事业单位长期以来的重视不够。

很多企业产权登记后未纳入监管范围,有资质问题了才会来找财政,比如华东有色、地勘、农科院、水利、农委、发改委、科技厅,其次是高校。

李副处长:

从华东有色来看,他们的经营性资产不包括房屋、土地,房屋和土地在事业单位里,矿山、设备和机器放在里面。国有企业组建时,没有资产清资产的企业是如何处理的?

国资委:

账面显示清资产的都处理,小企业僵尸企业全部清理,第一轮改制时,都没有保留。国家和税务配合还是可以清除的。

问题:

1. 国资委处理僵尸企业有什么特别政策?

发改委正在处理僵尸企业。

2. 连同土地、房屋是否并入?事业资产是否划到企业?

可从行政事业单位下注资,不整体端入。不整体并入的企业就无法整体端入。如华东有色和 3 家事业单位合为一家,经营性资产也需要拨开,分割过程中房产不太可能给企业。此问题暂不考虑,有点复杂。一般盈利的企业基本没有房产和土地注入企业。实质性资产转入企业,只是出资人变动。

事业单位党政机关房屋、土地资产属于非经营性资产,资产管理规定这些资产不能用于经营,不能注入企业中。资产的性质还是国有的,国有企业不能保证永不改制,可能未来会有改制,非经营性资产转为经营性资产等,事业单位出资的企业租赁房产,脱钩后还是会租赁,仅是房产也可以去别地租赁。和之前商会行业协会脱钩一样,绝大部分行业协会商会占用原来部门的房产,脱钩的政策就是慢慢地房屋就不给使用了,在过渡期可以使用,可以交租金的方式。现在给租金要财政批,租金进财政。《党政机关办公用房管理》规定,党政机关占用事业单位房屋的,这些机关要交租金,明确规定占用机关房产,事业单位也要交租金。这部分不属于经营性资产。

李副处长:

赵厅长认为,非经营性资产应在同一个部门管理,经营性资产在平台公司管理,未来如果出现非经营性可转经营性的,有资产管理中心进行转出并出租出借,可以注入平台中运营,但是所有权和平台没关系,比如,南京的 1912 是党政机关的房产,但是可以委托运营公司整体运营,这样所有权和经营权就可以分离。并不是运营的所有都要注入公司。企业的户数多而散,从 31 家

5 000万元以上规模大的公司开始着手分析,逐步纳入。

赵副处长:

事业单位房产不可以拿去融资,凡是公司的,一定是所有权变更进来的,凡房产注资的一定要变更到公司名下。

国资委吴处长:

先把公司改制比较成熟、完整的企业装进去。在工商部门登记,相对来说,比较规范化的企业可以有一个进入一个。其余的符合要求的再慢慢进入,出资人变成运营公司出资,由易到难。不想进入的可以去产权市场公开挂牌转让。政策要制定好,由顶层设计从上往下推,按照政府发文执行。

李副处长:

通过哪些指标或现有资料可以甄别出工商登记比较规范完善的企业?

从每年的审计报告可以看出,先按容易的来。从3年持续经营的数据、增长的财务报表、工商部门的税收都可以辨别。先整理规范的,稳步推进。

政策规定部分保留,实际实行股权管理,投资运营公司和主办单位双方持股,相互明确责任。这可分成以下几种:一般盈利企业脱钩划转划入平台公司的,事业单位协同发展的等。

政企分开,与公共职能有关的最好退回,不需要事业单位的公益职能。例如,每个高校的科技园区,高校很多企业依托科技园进行招商运营取得收入,高校运营的资产还是高校的,切断关系后,就不给房产运营,那就没法运营。这类企业国资委认为暂时不放入运营公司,教育类企业先维持现状。

部分保留如何划分股权关系?

财政部就和原来主管部门共同持股的部分,会单独出配套文件,目前比较困难。这部分是中央的试点,可以根据省内情况再定,公共持股目前较难操作,可以考虑设子公司。高校有一部分可以自己保留,不放入资产的,保留范围较广,如科技园、实验室甚至培训中心、农场。以后只将资产公司放入平台,那么政策制定就要有前瞻性。

赵副处长:

高校所有的资产全部都要纳入经营公司,从国有企业改革来看,运营公司持有高校的最低股权比例一定是34%,有影响力的一定不能低于34%,高的可以放到51%或者2/3。将高校资产经营公司及保留企业纳入国有性经营资产集中统一监管体系,这种就有资产运营公司和保留企业两个板块。建议要结合江苏省的情况,高校一定要纳入,好统一监管,特殊的到时再讨论。

中央文件要求高校改革,成立资产经营公司,将高校所有企业纳入资产经营公司,再进行保留、清理、关闭、脱钩。其余的交到市场中。

国资委:

东部机场整合了7家,其中南通机场没有进入,等条件成熟逐步进行。

历史问题和人员安置问题比较重要,进入运营公司的企业一定要干净,要进行清产核资,要像上市公司一样。

投资公司是我作为股东、出资人,和下面有股权关系;运营公司是我不是出资人,只是运营管理的公司。我们的运营公司是政府为出资人,财政受政府委托,其实运营公司既可以运营又可以投资。我们搭建的公司是股权管理,不参与运营。国信集团就是投资和运营公司。

赵副处长:

根据政府23号文,公司的定位定义为运营公司。

目前划进运营公司的企业资产很少,未来想搭建航母公司,一定要有战略性思考,企业将来的布局要考虑。资本金需要在基于现在的改革成本和未来的业务整合之间考虑。

国资委:

组建运营公司的方案按照整合进来的情况,有多少资本金,实行34%控股,先要摸清进来的企业情况,企业属于哪一类,是否科学。行政事业和企业退休后的差别很大,涉及人员的暂时不要动,除非政府有决策。国有股的比例不低于34%,非国有股的比例最高不能超过30%,个人持股比例不能超过1%。可从资产多的,人员简单的,资产干净的,股权关系明晰的开始摸底,调查表可以有从业人员的身份是企业还是事业,做到摸底要全面。

国资委成立的一级公司是有考核的。运营公司的出资人是省政府,授权财政厅对平台的监管,和国资委管理一级部门是相同的。要保障国有资产的保值增值,提升营运效率,模式是相同的,但指标不同。集团公司不参与生产经营,只是管理的机关。

国信集团是政府授权的。根据国务院23号文的规定,一个政府授权,一个国资授权。运营公司是省政府出资授权财政履行出资人的职责,可以把出资人职责委托给运营公司,放入公司章程中。"三重一大"和章程要对应,监管的职责和边界功能要定位。

国信集团让渡了哪些属于国资委的一些职责给企业?

股东的职权和投资分配,经营方针不变。经营自主权和法人财产权给了国信,对外投资股东会授权。

以"管资本"为主和过去的管人、管事、管资产的区别是什么？

作为股东有股东的权利，有用人权、决策权、收益权、重大事项处理权。审批事项清单只有 17 项，原来有 50 多项。对外部董事的数量要求是，外部大于内部，有的是国资委派，有的是专职任命，享受正级待遇，65 岁退休。省政府和国资委出台了《完善法人治理结构意见》，可以套用这个意见。

附录五　省住建厅座谈会要点

基本原则：不论是事业单位本身或事业单位出资企业，监管方都在财政厅，因此，事改企后依然归财政系统管。

运营公司总体思路：不管经营只管股权，财政厅对运营公司只作股权管理，出资人职责让渡运营公司。财政监督，运营公司管理，单位运营。从财政的角度来说，事业单位业务庞杂，目标是建立跨行业部门，用一个政策一个平台进行股权管理。

调研目的：双向研究，从财政角度授权什么；从企业角度被管理什么。

一、江苏省城市规划设计研究院

下属企业分为一级、二级企业，直接出资的一级企业共有4家。

① 江苏华建城市发展顾问有限公司，定性有疑问。规划院出资30%，工会出资70%，开始定为参股企业，目前并不明确是否是参股还是控股。这个企业的主营业务和规划院类似，前几年发展尚可，作为引人、培养的平台，经营一些相对低端的规划项目。近年遇到瓶颈，因行业有准入门槛，新人资质上不去，高层次人才因单位性质又不能去，导致业务技术含量相对较低。又因战略性调整，去年员工由200多人减至10多人，业务萎缩，收入大幅下降，最高收入可达5 000万元/年，去年微微盈利，约几十万元。从趋势上看来，人员、业务基本回到了规划院。资金流动是由于人的流动、业务的流动。

② 江苏省城市建设开发总公司，为房地产企业，是一个平台，无业务，收入来源为投资二级企业。

③ 江苏省宏宇科技开发中心，业务配套，做文本制作、辅助性业务，对内服务，满足规划院的生产部门需要，规模小，年收入几十万元。

④ 北京中伟思达科技有限公司，出资10%，几个城市规划院共同出资，较少监管。

二级企业共有4家，3家由华建出资；1家由城建出资：江苏华隆置业有限公司，运作房地产项目，城建出资占49.9%，国信集团所属的舜天置业公司出资占50.1％。运作第三期项目,正在进行股权转让。昆山市规划设计有限公司,由昆山花桥国际商务城规划建筑设计有限公司合并。宿迁市城市规划设计研究院有限公司,主营和规划院类似,持股占比49％,33％归宿迁市规划局的下属单位所有,18％改制为民营股份,股份已经整体转移至宿迁国资委下运营公司。

省规划院目前性质分类为:差额拨款事业单位、部门预算单位,每年财政拨款100万元,年收入3亿元左右,总人数500多人,在编100多人,一部分差额拨款一部分自收自支。属于生产经营类,改企的方向为国企。

10％~20％体量在企业,80％以上在本体。下属企业交国有资本经营运营,本级不交。

担忧与问题:谁来监管？国资委、财政监管都有担忧。

国资委能释放活力,在分配机制、人的进退上可能更灵活,同时对经营能够支持,如建设的后端支持和与地方政府联系的前端支持。但担心管得太多,第一包括钱、运营、人等,可能会牵涉太多。第二,国资委下属单位涉及管钱管人时,本单位会很被动。如平衡收入时,规划院本在行业内平衡,国资委可能按单位平衡。

财政只对股权进行管理,不干预运营,可能有政策方面的支持。但担心会管得太死,如在收入、经营方式方面。

希望转企后,单位能释放更多活力,从而实现下一轮快速发展。活力释放具体体现在以下三个方面:

① 分配方式上真正实现按劳分配。现事业单位按工资总额,不太适用于经营性单位,核定绩效工资、不按生产反而按职称是不合理的。

② 人有灵活性,实现能上能下,能进能出。

③ 市场方面,同属的国企或省属的部门能提供适当的市场支撑,省里关于公共政策的一些项目能采取单一来源采购。

二、江苏省城乡规划设计研究院

事业单位延续多年,必然有土壤环境和个体特殊性。在改革过程中,千差万别,但希望能够做大做强做活。目前难以看到转企后的趋势,不知预期,新出台的事业单位人员转换、兜底政策,对企业会是致命威胁。

担忧与希望:设计院情况特殊,最大资产、最大股权是人。如果人不存在,资产很快就归零。希望能留住骨干人才,分配能按劳分配,人能有灵活性。

虽然是股权管理,但到底管的是哪些？如工资总额、对外投资等都是很重要的问题。

市场方面,希望提供的支撑能延续一段时间,能参照省里集团公司的一些做法,支持同类同行业合并,做大做强。

总体：

事业单位分类：

参公单位：如安监站、招标办,有行政功能,下一步可能和机关合并。

公益一类：辅助厅里做管理性、技术性工作,有一定管理职能,不产生收益,不涉及行政许可,如会计中心。

公益二类：如科技中心,配合做科技性、专业性研究,同时也要去市场寻求业务,也有公益职能。

生产经营类：主要业务通过市场取得,同时也要完成厅里下达的任务。资金性质约90%是政府资金。

建议：

① 去深圳调研,深圳投资运营公司监管很明确。要厘清管哪些、哪些需要备案、哪些要报批。

② 改制转企后能不能有几年的帮扶政策？可以定个规则,对自带资产、无财政注资的企业提供一些优惠政策,鼓励保值增值。

难题：事业单位经营性资产如何划分？

对于有经营性资产的单位和只有经营性职能、无经营性资产的单位,转企后如何监管。目前本单位不分经营与否,统一按国有资产性质监管。不明确收入如何取得,很难划分界定。

附录六　南京市财政局座谈会要点

南京市财政局行政事业资产管理处张处长：

2012年开展股权清理，行政机关所办企业清理基本结束，2015年年底，事业单位所办企业大概有100家左右，1/3正常经营，1/3效益较差，1/3为僵尸企业，特点是小、散、乱。今年（2019年）上半年，行政事业单位脱钩要彻底完成，总体思路与方向是脱钩划转为主，对于散乱的现状组建公司意义不大，专业的事情要交给专业的人做，我们还是做好资产汇总工作。等机构改革结束后，就推进事业单位改革。它不仅是股权划转，还涉及人的处理，统一的步伐现在还没做，但实际工作中，碰到成熟一家划转一家，要么关闭、要么清算、要么划转。

南京市财政局行政事业资产管理处郑副处长：

统一监管南京以前做过，2012年把机关的划给国资委统一监管，但还有遗留问题，如金盾，其国有资本经营预算国安局还要用。还有一些单位至今没有清算，如房产局下的房屋住宅公司，有很多阻力。

就统一监管的想法和难点：第一，目前的企业大概有105户，大一点的集中在管委会（原来指挥部下的平台）。2012年划转60%，40%依然在平台上。这次考虑理顺关系，划转国资委统一监管，建设职能和企业职能分开，混在一起影响较大，特别是报表大起大落。统一监管，产权关系分开。职能管理可以通过管委会下指标，更顺一点。对我们来说，监管是第一大难点。

第二，经营质量差的企业要涉及清算，包括人员安置。要把编办人事带进来，通过编外用工分离，不过涉及待遇也会有矛盾。具体问题由主管部门解决。事企不分难处理。

第三，利益问题。许多单位考虑人员安置、利益调整，对改革都是阻力，但从政策上说，我们认为要么退出要么划转，争取用灵活的方式让主管部门有出路，改革的路宽一点。

第四，这一次要全部脱钩，考虑到特殊性，如知识产权投资，后续技术需要跟踪保障，可否适当保留？考虑从资产监管来讲，我们只参股不控股，同时还是归到国资委统一平台强化考核。

南京市财政局张副局长：

专业的事情专业的人员做，我们和省里想法不太一致。通过第一批试点，就南京而言，感觉选择的道路没有错，还是会继续原方法，和国资委联合，该清就清，该交就交。企业和行政事业单位运作方式不一样，可能管不了也管不好，故打算放掉。

同无锡市财政局，财政是文化企业出资人，宣传部下设文资办。

南京市国资委企业发展改革处王处长：

统一监管：市里财政非常重视行政事业单位资产监管，2012年第一轮整改将经营性资产分为三类：一类是优质资产，根据产业相近、业务相关的原则划到相应市属集团。留下两类，一部分是债务负担重的、涉及人员关系等矛盾很多的、2013年事改企留下的尾巴，要求积极推进改制；还有一部分是空壳企业，要求清理。

操作中发现的问题如下：

如果不搞清产核资，可能对下一步企业资产运作造成很大影响。这两年也在清，但公司制改制就涉及原来资产：注册资本实不实、债权债务关系清不清楚，衍生了很多问题，还有很多不良债权的确认。如果不走清产核资，划转后谁来承担以前损失的不良资产？因此后续必须进行清产核资和资产评估，还是要进行损益认定、资本金核实等。

僵尸企业处理中，国家相关政策不清晰。人的方面，有劳动关系接续等多种问题、诉求；税务方面，去年简易破产程序做了4家，但税务局不认法院裁定书，税务无法注销，还有土地、房产过户的问题，增加了企业负担。

资本运营公司：目前整个国家层面在试点，去年7月，国务院完成了顶层设计。之前在国资系统，目前中央企业试点了8家投资公司，2家运营公司，各地也在做投资和运营公司的试点，目前来看效果不错。

从财政的角度来看，组建资本运营公司应该有明确的概念，不单是组建一个集团把几个资产归集起来。投资和运营公司有明确的功能定位，投资公司服务于产业发展和城市规模、优化资本布局的需要，以产业发展为导向，做大做强产业资本；资本运营公司进行资本运营，以财务投资为主，侧重于做金融控股，以财务性参股投资，以资本的流动方式来实现保值增值。

回到今天的主题，把现有的机关事业单位的资产集合起来，成为资本投资运营公司，是否能满足资本和投资运营公司的定位？可能还需要扩充。

我们金融这块，下面有国资集团，国资下面有紫金投资控股，它持有南京银行、南京证券等股权。不是国资委直接持有,是通过层层的国有企业来持有的。从严格意义上来讲,由国有企业持有一部分金融股权,产权是很清晰的,这块股权不是国资委或财政直接持有的,和省里不太一样。初始都是财政资金,预算在国资集团,现在在紫金。

中央层面我们掌握的信息有两块,一是财政部原来持有的,现在可能改成投资运营公司做;二是国资委这一块暂时还是以央企形式做。下一步从监管的角度来看,可能不是资本运营公司监管,国家可能会出台金融控股公司专门的监管办法。目前来看,所有国有企业初始资金都是国家出资,理论上都是从财政口子出去的,但从国有企业改革来看,很多企业的股权关系相当复杂,层层嵌套。现在也分几块,像扬子集团原出资人就是国资委。

运营公司的功能定位要弄明白,要服务什么?是服务于全省金融资本布局的需要,还是承担产业投资功能?目的是什么?国资委以后可能分为三类公司:资本投资公司,属于产业投资;资本运营公司,进行金融运作;产业集团,直接从事产业运作。

成立资本投资运营公司,国家文件中有两类方式,一是改组;二是新设。公司实力较大的,可直接改组,把资源配置全。新设就是把好几个公司累加起来。

从授权的角度来看,有两类方式:一是出资人直接授权;二是政府直接授权。国家文件明确,政府直接授权是从财政部门履行出资人职责的企业中开展政府直接授权的试点。两者的区别还在探索中。政府直接授权,出资人相对虚化,董事、法人治理结构都是政府直接任命。在国资委系统中,是按产权关系,我们出资人授权是把我们的一部分权利授给它,我们还是履行出资人职责、监管职责。若政府直接授权,监管职责怎么明确?出资人虚化了,承担什么责任?政府向其他部门承担什么责任?

试点进展情况:按照国家规定,试点是省级部门组织,南京市无权组织,须省政府批准。前段时间省国有企业改革领导小组要求各市报1家,省属企业报了省国信一家,无锡组建了一个无锡国发,南京报了新工集团一家,共3~4家。各市方案报市委市政府批准后,报省国有企业改革小组备案批准,还要报国务院国有企业改革小组。试点工作组织、领导权力在省政府,组建公司列入试点需要省政府批准。

授权问题:早在20世纪90年代已出现授权经营的概念,当时产权不清晰,政府通过授权某个集团对下面国有企业履行出资人的职责,出现授权概念,集团和下属成员企业无产权关系。

当前,从出资人的角度来看,根本目的是管资本,简政放权,通过授权把出资人的一部分权利授予资本投资运营公司,即《公司法》规定的一些出资人权利,如中长期决策权、重大财务事项管理权、薪酬考核分配权等。被授权后,权利还要进一步授给下属企业,把企业的市场主体地位建立起来。也就是我们的授权是两级授权,管控模式是小集团、小总部、大产业,集团不是越做越大什么都管,也管不过来。

资本投资运营公司试点以下三个方面:

试体制:管资本为主,国资监管新模式。国资委可能以后只管到集团,下面企业由集团做。延伸到企业的事情归类到集团,一些公共事项归到各职能部门。分级管理,集团也按该模式把权利授下去。

试机制:行政化管理思维机制,市场化选人用人、混合所有制改革、职业经理人建设等综合改革的试点,把体制机制建起来,还要按市场化机制建立企业运作模式。

试模式:管控模式,不是一刀切,而是分类管理。对混合所有制企业运作较好的企业,可能充分授权;对处于发展阶段的成长型企业,可能部分授权;对出现风险的企业,加强管控。

目前初步方案报过两轮了,这两个月会积极推进、上报。

南京市新工投资集团战略规划部韩部长:

2012年组建,由4个产业集团合并,注册资本为41.7亿元,2018年资产总额为700亿元不到,营收为400亿元左右,利润总额为14.5亿元,全年完成战略性新兴产业投资累计接近40亿元。集团有22家全资控股企业,包括4家上市公司,参股企业达29家。集团侧重于实体经济,22家全资控股企业可分为五个板块,即信息技术、生物医药、高端装备制造、新能源新材料、生产性的服务业。针对存量土地房产,集团想成立资产经营管理公司,打造科创载体,对南京市产业发展形成助推力。

这次被国资委选定,作为国有资本投资公司的试点,根据新工集团的产业特点,我们显然是做产业投资、产业升级的,我们的任务是把国有资本聚焦在有战略性、前瞻性意义的产业投资上,以控股为主。试点中有以下几个方向:

完善公司法人治理结构,达到市场化运作要求。

完善董事会的功能和结构:现在是5人,2个外部董事,内大于外,不符合文件外大于内的要求。计划扩充到7人,增加2名外部董事,使外大于内,保证决策的公平性和科学性。

清晰界定董事会职能:改组成为国有资本投资公司后,董事会职能的发挥要更充分,包括制定集团发展战略目标、对经营层考核、重要人员任用、"三重一大"重要事项研究,等等。

设定专业委员会:现在没有,计划建立两个专业委员会,一是战略与投资决策委员会,就集团发展战略、未来目标、重大投资项目决策等做出专业性意见,为董事会决策提供参考和依据。其下设工作组中引入外部专家,提供专业意见。二是薪酬考核委员会,考核集团经营层和全资控股企业经营层。

授权问题:国资委进一步加大了放权力度,把中长期发展决策、经营层考核分配工资总额、重大财务事项、产权交易等八项权利下放给集团,由董事会承接行使权利。同样,我们接到权利后,根据企业的不同情况,进一步再下放。

建立灵活、高效的市场化经营机制:集团总部以战略管控为主,强化六大中心功能:重大决策、战略规划、资源配置、投资融资、风险控制、价值管理,打造一个"小总部、大平台、强企业"的管控模式。全资控股企业划成三类:充分授权,如4家上市公司,治理本身较完善,权利进一步下放给上市公司董事会;部分授权,正常经营,发展势头不错;优化管理,没有实体经营任务,选择维稳托管模式。

以市场为导向,完善选人用人机制:根据企业类别和层级,采用选任制、委任制、聘任制不同的方式。

充分授权类:董事会选聘经营层;部分授权类:积极试点,引入职业经理人或团队,逐渐扩大集团新增经营层人员市场化选定比例;优化管理类:任期制和契约化管理,严格任期管理和目标考核,考核不合格予以解职或降职。

以激励为重点,深化分配制度改革:对于推动职业经理人改革试点的充分授权类和部分授权类的企业,可以推动市场化的薪酬制度改革,根据经营管理的绩效、风险和责任确定市场化的薪酬,实现管理人员内部员工的薪酬与企业经营效益挂钩。对于其他类的充分授权类和部分授权类的企业,实行业绩与行业对标,参考行业的标准确定薪酬,增加企业的薪酬竞争力。对于优化管理类企业,合理确定基本年薪、绩效年薪和任期激励的兑现收入,相对不那么市场化。

考核也是分类的。对于充分授权类和部分授权类的企业,重点考核经营利润,包括净资产收益率、资本证券化率等核心经济指标;对于优化管理类的企业,重点考核成本费用控制,存量资产收入,包括安全环保稳定等指标。

南京市玄武区国资办企业科华科长:

区行政事业单位下属企业共有99家,划转65家,14家未完成。65家中,

10%～20%为正常开展企业,其余基本处于停摆状态,用房租维持人员收入。65家名义上划转,实际上股权没有真正意义上划转,只是集中扎口管理。作为基层,本单位承担部分行政事业单位管理职能。工作中,经营性、非经营性国有资产没有明确界定,转变过程也不好界定。

南京市秦淮区国资办钱副主任:

2016年发文要求经营性资产统一监管,界定为以盈利为目的、由市场化而来的资产。区级资产规模小、数量少,目前基本没有下设企业了。9个国企集团,原先资产按照职能已归各个集团。散落在各家机关事业单位的房产、停车场、广告位,为规范化管理,要求全部集中到国信公司,权属不动,经营权集中。第一步集中,半年移交工作,20多个单位上交800多处,纪委跟进,不许单位自行处理,到去年为止检查了3次,1 000多处房产由国信统一运营。

国资办开发软件做出租管理,在政府网站对外挂牌公开发布,规模大、收入高的还要在市级以上媒体公布。设立窗口管理,规范公开透明,不断抽查。所有国企也通过这个平台发布。国信统一运营管理,我们做流程规范性的管理,财政监管租金上交使用、考核。

实践中的问题:涉及功能转换,要向政府打报告,待批准,避免随意性;企业权证不完善,两证齐全的不到2%,易产生法律纠纷。

问答:

授权后,国资委还有哪些监管职能?

南京市国资委企业发展改革处王处长:

授权后、放管服后如何强化监管,是个辩证关系。总体思路是事前规范制度,事中加强监管,事后加强考核评判。

加强董事会建设,把专业委员会建设起来,体现出资人意志。如董事会薪酬管理委员会建立后,可以考核制定薪酬。法人治理结构进展程度,决定我们放权的程度。

外派监事会取消后,纪检监察在探索,如何形成大的监督体系?以后要不要内部监督?如纪检组、审计组,措施如何去做?目前国务院国资委在做一个信息化的在线监测系统。要在监管手段上创新,从信息上解决不对称。如何去监管,是资本投资运营公司试点的难点。

总体思路是监管到哪里,授权才到哪里。授权的方向是不变的,具体哪个权利落实到位,是和监管和法人机制完善到什么程度相匹配的。还要建立动态调整,看看试点情况。

新工集团领导层怎样任命?怎样让资本活起来,增强企业活力?

南京市国资委企业发展改革处王处长：

目前由市委任命。

随着实践深入，发现痛点是政企分开。活力动力和市场主体紧密联系，活力不强和政企不分、没有分离到位有很大关系。国有企业规范性制度多，和市场机制有矛盾，如社会资本和国有资本评估方法不一致。

解决方式：产权混改，引入不同资本，民营资本参与治理；产权不好动的情况下，从体制机制入手，把资本运营公司最终打造成政府和企业间的防火墙。二三级企业、国有企业规范性制度很多，和市场的一些机制相矛盾。民营企业以结果为导向，国企更强调程序，在运行机制上有困难。要积极探索，改革更灵活的体制机制和管理机制。

资本运营投资公司的改革，不是单向改革，而是综合改革，不是简单的一个体制、机制，而是和产权混改，市场化的选人用人机制，包括员工持股、中长期激励、董事会建设等多重集合、多向试点，正向激励，调动试点企业积极性。

转化后，股权比例如何确定？

南京市财政局行政事业资产管理处郑副处长：

实际操作中，对知识产权，考虑积极性和成果转化跟踪服务，若全部拨掉会有影响，所以予以保留，但不要相对控股，到平台去由大股东管理。后期3~5年股权市场转让。

对行政事业单位有依赖的，到了国资委后是业务合作关系，委托它管理，但产权、绩效考核还在国资体系中运行。涉及资金调度的，可以通过公共财政国有资本经营预算进行调度。

中央提法有部分保留做法。在实际操作中，股权一般是全部划转。

二级授权，财政负有什么职责？

南京市国资委企业发展改革处王处长：

财政两条路：一是走出资人授权，和国资委一样，职权相对清楚；二是走政府直接授权，最直接的体现是董事会、外派董事由政府任命，财政是名义出资人。这样承担什么责任要明确，要在试点过程中不断探索。

运营公司如何定位、集团层面就做股权管理？

南京市国资委企业发展改革处王处长：

以股权管理和产业投资为主。投资公司是战略性的，股权投资为主。具体运营给二级企业，产业运营。股权管理还衍生出管战略、管规划、管考核。第一，要管投资里的规划，如每个企业的战略、整个集团的发展，主业怎么合并。第二,是集团对下属企业的考核。第三,是管监管,控股企业怎么监管、全资企业怎么监管、参股企业怎么监管。

资本运营公司更简单,以参股为主,主要是资本的进退,完全由资本的流动性增值。

市级层面认为投资、运营可以合在一起,用资本手段投资,有的通过并购,先做孵化,好的时候再收回。有的投资是引导性投资,不一定全部要控股。好多是和资本运作联系在一起的。

附录七　省地矿局调研要点

省地矿局潘局长：

事企分开是改革的主要困难、主要压力,有现实需求。

省地矿局许副局长：

《关于我局经营性国有资产管理现状等情况的报告》的介绍。

省财政厅资产管理处吴副调研员：

根据调研,资质性、轻资产的企业比较多,事业人员会混用。事业单位具备的典型特点是人、财、物混用。像地矿,首先本身就是事业单位,其次国内国外经营,从资本上来讲在事业单位出资企业中具有代表性,各方面特点体现得淋漓尽致,有人的问题、物的问题、财务管理的问题。此外,行业特点受政策影响较大。

事业单位改革中,体现最突出的一是人的问题怎么解决;二是资质的问题怎么解决。改革过程中人在企业存在,人走资质就走了,该如何解决?

调研主要想了解针对地矿还有哪些突出的历史遗留问题? 如果改革模式归到统一监管,生产经营怎样继续有序、高效地发展? 通过这轮改革,从行业特点的角度来看,有什么办法使改革前后衔接好?

从社会角度、财政角度来看,都需要企业做大做强。另外也要符合中央有关精神,事企分开,这是难点也是重点。主要还是人的问题。我们更多的可能是解决事业经费不足的问题。

在改革中,我们要从政府层面测算,你们也要做一个测算,估计涉及一部分人要分流。如果人能分流出去,也要给好的政策;如果不能分流出去,划归到事业单位,若是差额拨款或者自收自支的,又要承担多少,都要算个账。

问答：

1. 资质怎样分布?

大部分在企业,事业单位也有。支撑资质的注册人员大部分都是事业单位身份。

2. 省属地勘队伍改革的具体内容?

对江苏的要求明确，要比全国提前一年完成全省事业单位改革。通过改革，应该切实地使我们省的公益性工作职能得到加强，地勘企业的市场经营活力得到增强，职工切身利益不应受到损害。改革有以下三条原则：

第一条原则，整合"两局一院"，组建一个省公益性的地质工作体系。这是改革的基本点，公益性队伍必须投身公益，不再从事市场经营。目前事业身份在职5 200人，若下一步在南京按照专业化分工，整合几个大专业院，各市几个院保留80～100人的公益性工作队伍，全省至少要保留3 000名公益性人员。可以再压缩1 500人，就是现在两局在地勘局工作的人。整个地勘队伍布局要进行调整，现有情况无法完全满足常态化、全覆盖的要求。

第二条原则，事企分开。这是一个难点，也是困难矛盾集中之处。如果能把事企分开做好，地勘队伍改革工作也会顺利进行。就省属地勘队伍改革而言，我们认为并不复杂，资产是死的问题，但就是人的问题，需要突破现有的一些政策规定。

两局事企混合，华东有色有一个投资顾问公司，有企业管理体系，地矿和华东有色相反，一直没有一个独立的企业管理体系，这是地矿要解决的问题。

在原则上，实事求是地解决好改革中事业身份职工的分流安置。改革的重点就是把企业混岗的1 000多名事业身份职工的后路解决好。地矿要突破的，就是让在地勘企业过渡的事业身份职工保留身份，给一个过渡期，通过5年把资产的分配、人员的分流解决好。3年前我们就不再安排事业身份人员到企业，下一步是在企业工作的事业身份人员逐步地通过工作需求回归，所以在企业工作的事业身份人员一定是呈现逐年减少的趋势。最难的是企业的经营管理层。我们通过座谈会等方式大概了解判断，若放开口子，95%是要回来的。人员分流安置一定是有序的，是在组织引导下的整体稳定。如果能给1 000多人后路，保留事业身份，有过渡期，回来后还能再做选择，把这个问题解决了，地勘队伍改革的结点就打开了。其他问题都是非常基础了。

地勘企业不是包袱，有发展前景和盈利能力。空壳企业还会再整合，局里不再兴办新的企业。

3. 运营公司拥有重大经营决策权吗？

华东有色的重大经营决策目前都还是交给局党委，不是通过公司，包括干部和人员问题等。下一步一定要改的。

4. 放哪些权利？

按照省公司的规范要求，同等职、权、利安排。

5. 激励措施有哪些？

财政预算资金按平均数，由母体单位发放。绩效由企业发放。根据改革的要求不能两头跨，下一步再改。目前没有安排。

6. 为什么是以个人注册企业？

在海外因项目设置小公司，为了规避国有资本很多的限制，只能以个人名义注册。它是潜在风险，已经要求清理，还要继续存在的要转变成国有。

确实无法调整的，公司总经理、财务必须有制约机制。

7. 清产核资建议有哪些？

去年经过财政审核的有 60 多家，重新确定的有 82 家。统一监管改革的任何要求，都会认真执行。

以前个人持股的、参股的没有纳入，这次统计只要是对外投资的、有股份的都全部纳入。

8. 事改企的任务是否完成？

现在已经不存在事改企的问题了，生产经营类的改革任务已经完成。

没有双法人的。7 家事业法人已经注销，按照企业法人在运营。

下一步是按照统一监管的要求，纳入统一监管体系，按照供需要求完善到位。

省财政厅资产管理处李副处长：

感受：

一是地矿经营性资产都是优质资产，本身发展势头很好，在全国行业中领先。在未来改革过程中，这些企业、经营性资产最终的目的都是要做大，进入企业的职工收入一定是比照行业内、比照市场经济条件下，应该说远远突破现在的工资收入。自身盈利能力强、发展势头好、有优势的企业，未来发展一定是很好的。对外投资风险、监管双跨难题等，在现代企业制度建立后，风险会降低，运行会更规范。改革的前途是很乐观的。

二是地矿对政策研究很透彻，吸取了各方成果，会介绍全面。地矿系统所有经营性资产全纳入资产经营公司，再整体注入财政组建的运营公司的思路是可行的，符合现在的方向。这也给了我们相应的启发。

三是根据今天的调研，发现不能简单地将 43 家事改企的企业直接纳入财政组建的运营公司，不符合行业改革现实。经营性国有资产统一监管改革可以和整体行业事业单位改革相配套，这样集中统一监管会更加容易。今天调研最大的收获就在于将整体行业改革和统一监管对接起来。

四是事改企哪些需要划转要再考虑，地矿这几家要配合省地矿改革进程。

问答：

9."授权我局管理"？撤销、统一监管、继续保留？

省地矿局潘局长：

85家企业大部分和地勘行业相关，按照分类，属于支持公益性职能的，应该保留管理。其中也有几家和行业不相关，如山水大酒店集团（承担大量行政服务功能）、徐州大光涂料厂以及地质六队设立的复合肥厂等。但都希望还能保留联系，这就涉及人员问题。

关于"授权我局管理"，改革后公益性职能事业局，怎么能管市场经营资产？但如果没有某种形式的联系，地勘企业服务以及支撑地勘工作的渠道、关系可能出现问题，我们有这个顾虑。关键还是从相关关联、相互支撑的角度，就是希望资产经营管理的企业和公益性事业局依然有某种联系，纽带不能轻易切断。企业体系和公益性体系到底如何联结、形成支撑，需要研究探索。

山东地勘改革，出现公开化矛盾。集体划给国资委，大量企业没划。资产关系、人员关系打架，还要求尽快把事业单位所属企业也划转。江苏不能出现这种问题。

因此一定要在共同服务发展的目标上，有点联系。建议以5年左右为过渡期，等分流安置问题基本消失，经营分配、处置也差不多了，再切断联系。

省财政厅资产管理处李副处长：

现在保留的事业单位经营性业务、所办企业都是和原单位有着千丝万缕的联系，很难切断，这也是我们考虑关注的。

现代公司和以往不同，虽然经营性资产要统一监管，但不是一划了之。财政要成立公司，现在的目标定位是配合集中统一监管把事业经营性资产纳进来，虽然也是要企业化，在现代企业制度的建立上应该走市场化道路，不是"二政府"或"准事业性企业"，但要考虑到企业的特殊性以及和原有主管部门的联系该如何操作。

省属运营公司管什么？未来是小总部、集团，做大的是下面的企业。要赋予更多出资人的职责，财政让渡给运营公司，公司再下放，授权给企业。强化企业市场主体地位，加强自主权。未来企业有很大自主性，要打造强企业，弱化总部。

省财政厅资产管理处吴副调研员：

"保留"有合理成分，完全割裂开是不能的。能保留的一定是极少数，也有相对条件。模式不相同，但有一定原则。"保留"在原事业体系。

经营性体系还是公益性的局机关管理？

就华东有色和地矿局而言,应该把两个改革做整体设计,即地勘队伍体制改革和经营性国有资产改革应该统筹。大概估算,企业使用资金接近70亿元。事业单位还有大量国有划拨土地,有很大潜力。

设想:两个局先各自成立两个资产经营公司,通过2～3年过渡后,再整合成一个资产经营公司。可以分别以两个公司纳入统一监管。目前两个局要完全入板块还有些困难,但整合好了,企业很有发展潜力。

如果省里同意把地勘产业管理先建立起来,我们的时间表是2019年第三季度完成改革。

省地矿局办公室王主任:

① 地勘行业的管理现在已纳入自然资源系统,作为行业监管。作为财政成立运营公司,履行国家出资人对资产监管,包括授权。作为地质事业是通过公益性,通过事业单位。地矿产业中,从行业来讲,这三者是连在一起的,一条线,和资产管理没有对立和冲突关系,谁出资和企业在行业中做什么不矛盾。

地勘的行业监管是政府的职能,地质事业的发展是公益性事业单位的职能,地矿产业的发展是地矿企业的职能,这样系统是联系的,工作和业务联系是紧密的。

② 地矿和科研院校有相似性,创新性强、风险大、投资周期长。地勘产业行业有特殊性,是轻资产且集脑力劳动和体力劳动于一身。地矿产业是延续的、传承的,社会需求大,发展空间广。

省地矿局潘局长:

地矿诉求:

① 希望把地勘队伍体制改革与地勘事业单位经营性国有资产统一监管改革进行统筹安排,过程中的重点是能对地勘企业工作的事业身份职工做政策性安排。这个问题解决了,地勘队伍体制改革的难题就迎刃而解了。

② 希望地勘经营性国有资产纳入统一监管体系后,能使地矿国有资产经营公司与公益性事业局在工作联系、业务联系上不简单脱钩。做出一些市场安排,从自然资源的行政职能到地质局的公益性职能,再到地勘企业的经营职能,整个链条不出现脱节。联系对于公益性职能的履行是不可少的支撑,也与地勘企业的发展相辅相成。

附录八　财政部科研所专家座谈会要点

文教授：

一、历史沿革

这一轮财政部推出的党政机关事业单位经营性国有资产统一监管，基本还是国有企业改革的一个环节。这轮改革部里进行了所谓的尝试，把党政机关事业单位的经营性国有资产的统一监管和两类公司的设立对接起来，基本大思路就是这样。

讲到两类公司的设立：国有的资本投资公司，国有的资本运营公司，背景更长。从1988年成立国有资产管理局，经济学界一直在讨论要不要进行国有资本运营。广东深圳较早尝试，设立三大投资公司，可以说是现在国有的资本运营公司的雏形。1998—2003年计划搁浅。2003—2013年，经济学界一直在讨论国有资本运营授权改革。在这一背景下，2013年，中共十八届三中全会把国有资本运营授权改革写进《决议》，写进国企改革、国资改革。把它作为我们这次要构建的国有资产管理体制第二个层次的一个主要内容。

2003—2013年又出现了新问题：党政机关事业单位的事业性国有资产高增长，机关性国有资产高增长。简单来说，就是行政性和事业性国有资产高增长。对行政事业性国有资产高增长，同年财政部出台35号令、36号令，基本思路是希望解决两个问题。第一，明确谁是出资人、谁是主管部门；第二，能不能建立统一监管的架构。35号令、36号令出台后，各级政府基本明确了对于行政事业的国有资产，各级财政部门是主管。这一点没有丝毫争议。从中央国务院到各个职能部门、地方政府，明确了对于行政事业性国有资产的两个答案：一是财政部是出资人；二是财政部、各级财政是主管部门。

35号令、36号令对于党政机关的经营性国有资产基本在管理方面没有大进展。尝试出台的几个文件争议很大，搁浅了。

2003—2013年，行政事业性国有资产的高增长里，增长最快的是党政机关事业单位的经营性国有资产，增幅很大。十八届三中全会在《决议》中对行政事业性国有资产如何监管没有提。《决议》主要解决以下三个问题：

① 国有企业混合所有制改革和国有经济混合所有制改革，两个混改，发展混合所有制经济、混合所有制企业；

② 构建新的国有资产管理体制，中央、各地形成基本相同的管理模式；

③ 两类公司的设立，即国有资本运营授权改革。

十八届三中全会重要的改革部署，主要是行政事业性国有资产改革，虽然行政事业性、党政机关事业单位经营性国有资产高增长，但是在十八届三中全会上没有提。

从 2013 年十八届三中全会后到 2016 年，国资委、发改委、财政部的主要精力放在国企、国有经济的混改上。

2016 年，财政部把党政机关事业单位的经营性国有资产统一监管提上议程。最初有分歧，最终还是同意改革，财政部的思路就是统一监管。

2017—2018 年，遵照国企改革的部署，财政部起草两类公司文件，财政部、发改委、国资委之间有分歧。2017 年重新修改文件，2018 年正式出台。

财政部想管的就是行政事业性国有资产统一监管。我们建议部里把两项工作合并起来。既然要合并起来，搞国有资本授权经营，索性把行政事业性国有资产整合起来，组建国有资本投资公司。

从两项工作的关系来看，国有资本运营授权改革依然是重点，在整个国有资产管理机制改革中，发挥着重要作用。党政机关事业单位的经营性国有资产统一监管借助该改革搭建平台，通过平台，建立统一监管的信息系统、管理系统。改革思路基本如此。

二、深化以授权经营体制改革为核心的国资管理体制改革

1. 国有资本授权经营体制改革的继续推进及深化

十八届三中全会基本确立国企改革的重中之重，除了两个混改，还有国有资本运营授权改革。国有资本运营指国有资本要实现专业化的运营，用来解决一个问题：国有企业既进行产业经营又进行资本经营的混乱状态。

2003—2013 年，国有企业既进行产业经营，又进行资本运营，导致所有大型国有企业都在忙着进行资本运营，也导致国有企业不做产品开发、产业发展、科技创新。因此在这轮改革中，李克强总理的基本思路是，通过国有资本运营授权改革，实现资企分离，国有资本运营和国有企业运营分开。

所谓资企分离，就是国有资本运营要实现专业化运营，由国有资本投资公司、国有资本运营公司来做；国有企业经营主要做产品经营、产业发展、科技

创新。

1988—2003年以及2013年，争议最大的就是国有资本运营权授权给谁？是国资委、大型国企总部，还是国有资本投资运营公司？最终十八届三中全会明确，国有资本运营权授给国有资本投资公司、国有资本运营公司。

因此，国有资本运营授权改革的核心问题就是资本运营权授给谁。目前毫无疑问是授给国有资本投资公司、国有资本运营公司。

2. 国有资本管理从管人、管事、管资产向以"管资本"为主转变（省略）

3. 构建三层次的国有资本管理及国有资本运营体系

通过国有资本运营授权改革建立全新的国有资产管理及国有资本运营体系，也是十八届三中全会确立的基本框架。三个层次如下：

第一个层次就是国有资产管理的行政层次，基本思路就是"小行政管理机构，大资本运营市场"，也是未来改革的大趋势。未来不搞很大的国有资产管理机构，从管人、管事、管资产向以"管资本"为主转变。未来的国有资产管理主要是管资本，做强做优做大国有资本。

第二个层次是这次改革的重中之重，即成立国有的资本运营公司、国有的资本投资公司。发展专业化的国有资本运营，未来国有资本运营不再由国有企业做，而是要专业化、资企分离。国有的资本运营公司、国有的资本投资公司从事专业化的国有资本运营。国有企业回归到产品开发、产业发展、科技创新。国有企业要把重点放在实体经济发展，脱虚向实，振兴实体经济。因此，改革的基本思路是通过资企分离，让更多的国有企业回归到产品开发、产业发展、科技创新。

第三个层次就是国有企业、国有公司的经营层次。公司主要有三大类：一是国有独资公司和国有企业；二是国有控股公司；三是国有参股公司。因为要推进国有企业混合所有制改革，绝大多数的国有企业都要通过混合所有制改革改制为国有资本控股公司和国有资本参股公司。

在这个层面，一是加快混合所有制改革；二是回归实体经济，回归产品开发、产业发展、科技创新。这就是这次改革三层次的国资管理及国有资本运营体系的顶层设计。

三、国有资本运营授权改革的目标及作用定位

这轮改革中，国有资本运营授权改革是重中之重。要解决两个问题：一是推进并实现国有资本做强做优做大；二是实现资企分离并剥离国有企业的国有资本运营职能。

1. 推进并实现国有资本的做强做优做大

在提法上，中共十九大明确做强做优做大国有资本，代替做优做强做大国有企业的表述。2003年，国资委成立后很长时间都在做强做优做大国有企业，通过央企合并，把196家减少到96家。因此出现很多资产很大的大型国有企业，但只是简单合并。"国有企业是执政党的基础""做强做优做大国有企业"都不准确，不再提。

现在说做强做优做大国有资本。所有企业都要做强做优做大；所有的企业都有生命周期，国有企业也会破产倒闭甚至关闭。国有企业倒闭不影响国有资本的存在。同时，新一轮国企混改要充分考虑竞争中性、充分考虑"平等贸易"原则的要求。在这种情况下，盲目提做强做优做大国有企业就影响了中国参与国际市场竞争的形象，也是不合时宜的。

所以这次改革要解决的第一个问题就是如何做强做优做大国有资本。

2. 实现资企分离并剥离国有企业的国有资本运营职能

这次两类公司的设立，不单纯是一个国有资产管理体制改革，一个很重要的目标就是让国有企业回归本位，推进资企分离。通过资企分离的改革，让国有企业回归到产品开发、产业发展及科技创新。国有企业要对实体经济的发展、竞争力的提升发挥重要作用。前10年，国有企业在忙着资本运营、忙着做大规模，带来的最大问题就是实体经济的竞争力下降。因此，这次改革中两类公司的设立，其中一个很重要的操作层面就是剥离国有企业的国有资本运营职能。包括央企在内的国有企业，产业经营、资本运营长期混杂，这是要解决的问题。国企把主要精力放在资本运营方面，要做大规模，导致实体经济的竞争力下降，产品创新跟不上。

明确必须让国有企业回归本源，即产品开发、产业发展、科技创新，要围绕实体经济去发展。所以重点是资企分离。

四、国有资本运营授权新设或组建两类公司

江苏在推动国有资本运营授权的改革中，也必须考虑：如何做强做优做大国有资本？改革大方向是要让国有资本有生命力；通过推动资企分离改革，发展实体经济，让国有企业在实体经济中扮演好角色，在产品开发、产业发展、科技创新中发挥好作用。

通过国有资本运营授权新设或组建两类公司？

从事资本运营的有两类公司：一是国有的资本投资公司；二是国有的资本运营公司。十八届三中全会就这样提过。这两类公司在功能上是有区别的。

国有的资本投资公司在功能上定位于产业投资的国有股权经营,主要考核的是国有资本的保值和增值。在达到保值和增值的前提下,通过国有股权经营,实现国有资本有进有退,推动产业布局结构调整,支持产业升级,提升主要产业竞争力。它有一个很重要的产业发展职能,要通过国有股权经营、有进有退来推动结构调整,主要是产业结构和国有资本布局。

国有的资本运营公司是纯粹的资本运营的公司,主要考核的是,其一,国有资本保值和增值;其二,国有资本收益最大化。可以跨所有制、跨区域甚至跨国界从事国有资本运营。

两类公司存在很大区别。在设立上,以国有的资本投资公司为大多数,国有的资本运营公司是少量的。目前 100 多亿元的国有资产流动性很弱,国有资产固化,因此要通过更多地设立国有资本投资公司来推动产业结构调整,推动国有资本布局调整。中央层面上的国有资本投资公司可以设立 15～30 家,而国有的资本运营公司不会超过 3～5 家。

职能不同,设立方式也不同。以新设方式组建多家国有的资本运营公司,国有的资本运营公司强调流动性,可以通过国有资本经营预算支出、国有股权划转(产业属性不强、流动性好的,如上市公司股权)形成。

通过重组方式组建更多国有资本投资公司,对具备条件的集团公司的总部进行重组。一般人员数量相对较少,业务绝大多数能装到控股的上市公司,具备相当多的专业人才。

五、确定国有资本运营授权方式要考虑的一些具体政策协调问题

1. 政府实行国有资本运营授权的方式选择

十八届三中全会的《决议》中表述为:政府进行国有资本运营的授权。没有区分直接、间接。

这次财政部文件中,有以下两种方式:

① 直接授权——财政部代表国务院进行直接授权,国资委组建的国有资本投资公司、国有资本运营公司,包括这次推出的党政机关事业单位经营性国有资产统一监管的改革,也是由财政部授权的。

为什么政府授权由财政部代表?中央政府不可能和某一家企业签署授权协议,没有特例。这次授权虽然叫政府授权,实际上是财政部授权。

代表国务院。包括国有资产管理报告,文件中讲的国务院,不是财政部,但财政部部长代表国务院总理报告。这是一个道理。除国资委的 96 家,其他

都是财政部来代表国务院授权。

② 间接授权——国有资产监管机构授权模式。对国资委下属的企业,转型为国有资本投资公司、国有资本运营公司后,适用间接授权。局限于在国资委的 96 家中做改革试点,要成立国有资本投资公司、运营公司的,国资委代表国务院授权,采用间接授权。

对江苏省:

① 不太赞成照搬部里的模式,中央政府所面临的问题复杂。

② 国有资本授权简单化。十八届三中全会的表述就是政府授权,没必要区分直接、间接。因为《决议》中的改革大思路就是国有的资本投资公司、运营公司从事国有资本专业化运营,既然如此,那么就讲政府授权。江苏省政府可以成立国有资本运营授权管理委员会,一个办公室,挂靠到财政厅即可,用兼职人员。

③ 考虑未来改革发展的各项要求。

2. 地方政府选择国有资本运营授权方式要考虑的几个因素

① 政府机构改革及国有资本管理机构改革的大方向。考虑改革大趋势,可能不是长期设立的机构。未来更多是要管国有资本,不再管人、管事、管企业。无须区分直接、间接授权。

② 政府预算编制的统一信息系统的建立。四本预算中很重要的是国有资本经营预算,中长期还要实行国有资本价值预算。预算中必须建立统一的国有资产、资本信息系统,肯定放在财政。无须区分直接、间接授权。

③ 国有资产管理报告的编制及信息系统。

④ 国有资产出售与国有股权减持弥补社保基金缺口与财政支出缺口。今年的经济下行,模型预测是中长期下行,持续到 2025 年。就未来财政支出预算缺口和社保基金缺口,必须着眼于长远,着眼于十四五、十五五的政府预算,三本预算要统一协调平衡。这种情况下还是主张政府授权。

地方政府进行国有资本运营授权不宜简单照搬中央政府模式:回归十八届三中全会《决议》;简单化;考虑未来改革。

在把党政机关事业单位的经营性国有资产装到国有的资本投资公司这个平台,实现统一监管时,做法可以照搬财政部。

但要考虑以下三个具体操作问题:

① 可以通过国有资本经营预算支出,给一定现金。比如,通过 3 年预算支出,注入现金。如不注入现金,只单纯地进行股权划转、职权划转,公司很难真正做成严格市场运营的专业化的国有资本运营公司。

② 虽然是统一监管,不应把现在所有经营性资产全装进去。有些应先关闭、出售、合并,重组重整。如果只是简单装进去,整合难度很大。可以分两步走,条件成熟的先装,通过 2~3 年整合后再装。没必要一刀切、一步走。

③ 人的问题。要和政府汇报,包括财政、社保等多个部门要协调、研究怎么办。

赵副厅长:

省里在做经营性事业单位分类改革,把其中完全可以脱离事业单位、主要从事市场经营的进行改革改制。第一批 39 家调整为 43 家,这个改革就是先做一部分整合。像人的问题、资产的问题以及重组的问题,基本上先把这些问题解决掉,先装到运营公司。今后根据事业产业发展的需要,可以和国资委下属企业等混改重组。

信息系统两年前就在做,基本已完成,把党政机关、事业单位、国资委、文化企业等所有的只要涉及资产的,包括地方政府债务中借债形成的资产,全部纳入资产的监管。进来后今后再分配,包括四套报表的编制。通过这种方式,确立了财政部门代表政府对所有资产,包括国资委监管的资产,进行全面的掌握、了解和控制。

在管理层面上,国资委的三句话很明确,其监管的,中央层面就是国务院、地方层面就是省政府,授权经营的那些企业集团。对省国信现在也在做重组和改革,改为投资公司、运营公司,但没有把产业经营和资本运营完全分开,还是在一个公司做。

财政希望代表政府组建公司时,想政府直接授权。政府层面觉得如果直接管,省长就有责任,所以授权财政管。没有明确,财政管的目的最终是不是财政变成了间接授权。我们觉得,政府授权,财政来组建,授权财政管理,但最后还是政府授权运营公司,是出资人。现在政府很明确,肯定由财政管,包括整个公司的运营、党建、"三重一大"决策等。

通过介绍,思路和想法还是基本吻合的。在概念上对资产监管的层次、模式,包括今后向省委省政府汇报、厘清和国资委的关系,都有很大收获。实际上还是回到原点。我们在省一级层面可能会比中央层面相对更容易协调。

接下来,一是要形成统一监管的方案,这中间要明确和回答财政监管、政府授权,包括监管模式、层次等问题。二是要从中央层面、从国际惯例思考的问题,形成一个政府的背景材料。课题组要把历史沿革、变化和现在提出的监管模式的优点讲清楚,因为最终目标是一致的,就是怎么监管好国有资产。经营性资产肯定不能脱离经营本质,虽然它有事业单位本身所具有的提供公共服务,但总体来说不能脱离经营,所以企业的责任,即价值最大化、保值增值等都是要的。但同时既然是党政机关事业单位出资的,也要承担一定的社会责任,要平衡好关系。

虽然是资本化监管,但有个问题也没有思考好,需要在研究中回答。

对企业进行资本化管理,如高校,现在要求成立资产经营公司,以后可能会做一些试点和改革,运营公司成立后,该如何处理财政监管部门和运营公司、主管部门、企业之间的关系?如建设厅两大改革企业,省规划集团业务分为城乡规划(建设厅主管)和空间规划(自然资源厅主管),分开后与两个主管部门难以割断。若完全市场化,很难承担政府的任务,也会失去本身的一些优势等。这种情况和主管部门的关系该如何处理?

若今后成立文化类、金融类、科技类资本运营公司,都会涉及所谓的出资人、监管部门、主管部门和公司自身之间的利益关系和监管关系。该如何处理?

文教授:

将来可以做一些创新性的。若成立国有的资本运营公司,一开始就要定位为国有资本收益最大化,可以通过上市,将来可以做成伞形的组织架构。国有资本投资公司是国有投资的,在底下设个层级,可以给部分股权。通过股权激励,未来是能够上市的公司的股权,一定有激励作用。有很多方面可以创新、探索。

赵副厅长:

一定要管理创新,比较难的是管理创新如何架构。运营公司要真正市场化,若还在行政体系监管是没有意义的。我主要的疑惑就是这一块。

像徐工集团和产研院合作,变为下属一个所,给70%的股权。机制是活的。这对科技、教育都没问题。但对党政机关,像省委宾馆、招待所,不好这样。很难一次性解决这些问题。

在大框架上,一是解决主要问题,运转起来。二是在往里装的时候,要简单,不能把人的问题带过来让财政处理。三是成熟一个进一个,过程中再把特殊的提交给政府看怎么处理。更多的是给政府出主意。

国有资本收益问题。之前所讲的事业单位经营收益急剧膨胀80倍,中间有一块确实是增长的,但很大一块是过去不知道的、没有统计进来的。前两年省级的经营性国有资产大概在700多家,现在有1 514家。80倍中很多是不知道的,我们管的是党政机关事业单位的非经营性资产,经营性的资产如学校、医院会好一点,会统计进来。但真正去看学校资产,其公司数量、构成、股本结构,很难搞清楚。只有成立经营公司,真正去一家一家地筛选。我们监管有一条,因为工商部门涉及股权变更、上市、转移,所有的都要认可财政监管。我们在新的系统里控制,只要不进来的,今后办任何手续都回到原点,从登记开始,清查登记进来,还要追责,为什么当时不进。解决这些问题,再办下一步。

目前国有资本预算收进来,大概提个分配方案,取之于企业,用之于企业。下一步要改变,要进财政预算,用于弥补财政预算不足,甚至纳入预算管理。资本预算应更多考虑弥补财政预算,给资本运营公司注资,支持企业发展。

问答环节实录

1. 出资人授给国有的资本运营公司哪些权利?

文宗瑜:这其实是所有权代表的问题。要解决现实操作的问题,解决国有资本所有权代表的问题。国有资本运营的授权就是从原来政府抽象化变成人格化。国有的资本运营公司董事会的担保人就是国有资本授权的代表,根据现实国情和体制,它不可能摆脱政府。国有的资本运营公司董事会和一般上市公司董事会不同,既行使董事会权利,还要行使一部分股东会权利。用这个逻辑,确定将来董事会的职能、权利清单。如果不强化这个责任,清单不清晰,将来董事会聘任管理团队、对团队的奖励激励惩罚等会有一些系列问题。我理解国有资本授权运营在公司主要是在董事会层面,公司治理创新、改革,强化董事会权利,除行使一般上市公司董事会经营权利,还要行使一部分股东大会权利。

2. 监事会是否需要?

文宗瑜:按照《公司法》的规定,监事会还是要成立,可能将来还是沿袭派监事,但不能全是你派的。这一轮改革后应该是按照《公司法》规定的监事,不再区分内外。改革后应该是纳入《公司法》规定的监事会,不分内外。这次设立国有的资本运营公司,最主要的创新可能是在公司治理和经营管理层面。其他的基本参照上面已有的做法和政策。国有的资本运营公司只要是按《公司法》设立的就可以设立监事会,基本逻辑是政策、文件服从法律,创新集中在公司管理和经营层。

赵副处长:今后是内部监事,现在是外派监事。一个是《公司法》,另一个是《国有资产管理条例》。我的理解是,企业应按照市场的机制和产权的机构,完全还原到按照市场、《公司法》的规定去做。主管部门过去的监管权力应该收回来,别管太多。

一是按照《公司法》的规定做。二是作为监管方,会派监事会,但这是相当于运营公司的大股东,其监事对运营公司的监管拥有否决权,不能按一般监事会一人一票的方式。但在架构中,如何在决策体系中贯彻需要考虑创新。

按照《公司法》的规定,章程设计中还是要考虑监事会的。

文教授:《公司法》在中美双边贸易协定签订后可能会修改。

赵副处长:(党建方面)现在国内的国有企业还是按照现行的章程来写,真正今后需要跨区域到国外去的,包括现在在国外的,可以按照国际惯例再研究。可以设子公司、分公司,独立出去,做一些转换。可以在章程中留一句:按照国际惯例,需要……,另行……。要把这些问题考虑到,但主体都在省内,少数在国内,境外更少。还是按照党建的要求,该有的都应该有。

3. 注册资本金如何确定?

文教授:建议有150亿~300亿元注册资本金,将来平台支撑的资产规模可以到1 000亿~1 200亿元。300亿元可以支撑到800亿~1 000亿元。《公司法》规定,新设公司资本金可以分两年到位。国有资本的预算支出可以分三个财务年度,从2019年到2021年6月月底。国有资本经营预算分三次进,若不够,可以设立3年后的国有资本经营预算,再通过别的方式,如增资扩股。包括国有资本经营预算,整个应占总公司的35%~45%。

4. 董事会人数如何确定?

文教授:应是专职董事和外部董事相结合,至少5~7人。地方可以突破文件中9人的限制。若是7~9人,专职董事不少于5人。外部董事定期召开董事会,专职董事要有一半以上。这是执行董事的特点,和管理团队是重合的,专职董事有些还可以进入管理团队担任其他角色。要么直接在文件规定董事会成员多少,要么参照中央,两个方式都可以。董事会一定不要太大。从公司治理改革大方向设立董事会,一是专业化;二是外部化,目前来看只能一部分外部化。

5. 党组织、董事会、经理层关系、职能定位如何确定?

文教授:从央企来看,基本都是照葫芦画瓢,现在没什么经验、创新。

赵副处长:创新不能与现行法律直接冲突。现有《公司法》、管理制度中没有明确的,我们组建就是我们来推荐,要在管理上创新,要从建立现代企业制度、有利于市场化、有利于自主经营的方向,省政府批准后就是突破了。如果一点不创新,完全照搬,就会把资本运营公司本身又变成了现行体制模式下的国有企业。

6. 国有的资本运营公司近期、中期、远期怎样职能定位?

文教授： 从本质来看，国有资本运营专业化就是国有股权的经营。国有的资本运营公司更多地以参股为主，控股也是相对控股；一部分股权可以采取搭便车的方式，如优先股；很重要的是对科技创新的非国有公司的参股。主张尽可能不介入过多经营。

7. 如何界定经营性国有资产？

文教授： 行政事业性国有资产可以分为三大类，即行政性、事业性、军队国有资产。党政机关事业单位从事经营的资产称为党政机关事业单位的经营性国有资产。转为经营性资产需满足三个条件：① 工商注册登记；② 产权相对清晰，有明确的持股主体；③ 不依赖财政补贴，或财政补贴数额较小，不占经营收入的主要收入。目前党政机关事业单位的经营性国有资产，我认为基本还是根据这三个条件来判定。

赵副处长： 这个问题应该还是比较明确的，像办公楼等多余资产的出租，其资产性质还是党政机关事业单位的资产，不是经营性资产。

成立两个组研究，既互相印证、配套衔接，又不要交叉做。统一监管是研究监管模式和架构，是不是经营性资产、怎么划给公司，是在集中统一监管中认定、处理。

作为公司，研究如何增加注册资本金、增资扩股、运营、监管、取得收益等，重点在于怎么经营，在市场前提下架构、运营。单纯按照公司化，管理、经营、运作。

文教授： 可以参考联邦政府16家国有企业等。

赵副处长： 借鉴现在最简单的、最好的、效益最高的管理模式，这就是管理创新。

8. 部分保留的股权比例如何设计？

文教授： 现在没有统一的模式和要求，所以要看原主管部门的想法，看经营性资产对主管部门的依赖性。没有统一模式，最好看各自情况。

赵副处长： 在监管层面，可以分两步走。第一步，对要进来的、有积极性的做试点，就股权份额等问题，出试点方案与主管部门商量。进来后交给运营公司，39家可以划过去，剩下的再试。试点2~3年后基本完成。第二步，由我们甄别、确定进不进，确定比例。就不由主管部门确定了。通过这种方式积累经验，摸索。

赵副处长： 考虑到投资公司定位更多的是在整个宏观层面的战略性产业、布局，这块我们相对弱化，而且产业布局主要在国资委。我们的重点更多是在运营公司，也是考虑到定位。

架构上一旦形成,会形成一个中长期、相对稳定的监管思路。趋势是符合资产管理趋势的,我们把这块做好。两个课题组在一起,既互相吻合这个思路,又严格把自己的范围研究好,不要过多交叉。今后的运营公司可能还有文化类、金融类的,但都遵循统一监管的原则,方法都是一样的,制度设计都是一样的。顶层设计方向不能偏。

9. 经营性国有资产广义、狭义的概念分别是什么?

(广义出处:1995 年非转经已废止)

李副处长: 从课题研究的角度来看,是否仅限于概念? 狭义的可以丰富出几条标准。

文教授: 严格意义上讲,从 44 号文来看,包括做课题或者制定监管条例,要满足两个法律条例:① 依法经营;② 产权清晰。很多资产虽然在出租出借,但产权不清晰、手续不完备等,所以还是不能算经营性国有资产。要把法律政策和会计计量的可计价、有明确所有制、可交易三个计量结合起来。

不能扩大范围,否则会带来一系列问题,如产权不清晰,会带来债务纠纷等。

10. 企业如何分类?

文教授: 分类不要按国有企业党政机关分类。经营性资产的分类很简单,即按照界定经营性国有资产满足三个条件后,按照混合所有制改革、市场化,分为三大类,即国有独资、国有控股、国有参股。经营性资产载体为企业,相当多的以股份制公司为载体,这样分类统一监管、四张表的编制会更容易。党政机关的经营性国有资产统一监管,装到平台里,也相当于管资本的概念,在股份制公司里就是国有股权的概念。

李副处长: 事企不分的单位,资产分不清。

文教授: 事业单位资产若没有装到公司里,包括让公司使用,也只能界定为出租出借,严格规范管理要交费。

陈副处长: 事业单位账上,权属没有发生转移,还属于事业单位资产。

11. 关于方案有哪些问题?

李副处长: 部分保留股权问题。部里 6 家试点单位,占 30% 左右规模,可能会推开试点或另外发文。我们出什么方案? 改革实施方案——做原则性规定,不要那么细,试点做一部分,还是做试点方案?

文教授: 地方没有那么复杂,不要搞试点,就一次性出改革实施方案,可以分两个阶段,先不出标准。可以分两个阶段,时间节点为两年。

12. 统一监管报告的细节如何修改？

主管部门"配合"改为主管部门"有意愿""优先考虑"表述不太准确。

李副处长：试点单位是双向选择的结果。

文教授：不用写那么具体。

13. 摸底调查表如何设计？

陈副处长：人的问题不用解决，但还要调查清楚。

李副处长：除已经掌握的财务、出资、行业等，还需要再调查什么？

文教授：一般来说，尽调可以包括三部分：① 对外担保；② 潜在诉讼；③ 人力资源：董事会、管理骨干、普通员工三个层面。人的问题、身份的问题可能是重点：事业编制、以工代干、工人编制、合同制员工，身份复杂。

对纳入试点的、有意愿的，可以做摸底调查。

14. 可否经地方人民政府批准，成立部门投资运营公司？

文教授：获批是可以成立部门投资运营公司的，有以下三个问题：

① 规模不是很大，可能支撑不起来；

② 做得好的还是与本行业、技术、管理有关，与市场相关联，做国有资本运营都不是强项；

③ 国有资本运营是跨产业、跨区域、跨国界经营，部门投资运营公司只会在一个系统里。

李副处长：对所有主管部门、公司的总体要求，部里强调四种方式。对于教育和科研有再优惠，可以成立行业的投资运营公司，部里成立的投资公司主营方向是科技，再优惠就是成立部门投资运营公司，整体装到部里的投资运营公司。这一层的投资运营公司规定不享受股权分红和收益。问题：有制度设计，但操作上教育部已经放弃，中科院还在考虑是否挂到部里。但党政机关怎么能办企业？

赵副处长：经过国务院批准，可以设立。

文教授：要求各个党政机关事业单位按照属性再成立国有资本投资公司，背离了国有资产管理改革大方向。地方上不要复杂化。

赵副处长：以后可以在运营公司平台下设立板块。

15. 如何处理授权手续？

文教授：就说国有资本运营政府授权，但不是政府和国有资本投资公司签协议，成立国有资本运营授权委员会，挂个办公室。严格意义上，还是要有授权协议书，让办公室签署，给合同。

国务院和国资委没授权书，但国资委进行的 10 家是国资委签的。

16. 哪些方面授权？

文教授：主要是董事会层面，应有双重权利，有部分股东会的权利。讲国有资本经营的授权，授的主要是要实现国有资本所有权代表人格化、具体化，让国有资本所有权代表落到董事会层面。清单要考虑的，一部分是按照《公司法》规定的董事会的权利，这本就该有，不在授权范围之内。要授的更多的是股东会的一部分权利，按这个思路列出相应的清单。

赵副处长：《公司法》规定三大权利，即用人权、收益权、重大事项决策权。

文教授：回到经济学委托代理，如果是股东会的一部分权利，按照《公司法》规定的股东会和董事会的关系，股东聘任董事会，所以要把现在股东会行使的权利具体化，一部分给董事会。讲得很清楚，国有资本投资公司不设股东会，意味着把少部分权利、最主要的权力给财政或政府，股东会的大部分权利合并到董事会里。所以要从股东会和董事会的委托代理关系考虑列清单。

17. 难以脱钩划转如何理解？

文教授：三种情况：① 职能不能完全市场化，如人民银行经济中心；② 还有很多问题没解决，一些特殊企业，如国家安全部设立的企业；③ 诉讼没结束，山对外担保，负债没偿还。

李副处长：部里后续会再出政策解决。起草时只能是原则性的。

文教授：文件考虑到江苏的实际，简单化、原则化，实施方案要尽可能简单化，解决面临的主要问题。

18. 主要表决权、一票否决权如何实现？

赵副处长：参照金股，管理股。

文教授：英国设定的金股，一票否决权要满足两种条件：一是提供的服务达不到水平，有投诉，国会听证；二是非常时期，收回经营权。英国一直没有这个，后来金股被曲解了。

李副处长：地方上起草时，同股同权，享受收益就可以了。不能有这两个权利。

文教授：没必要给主要表决权、一票否决权。地方没有中央那么复杂。主要发达国家地区涉及国有，基本都在财政。像我国台湾地区的101大厦，从政府预算是可以看出来一年分红收入多少、股权转让多少。

19. 不纳入平台的公司如何监管？

李副处长：结合资产报告视角。要有另外的思路。

文教授：不进平台的公司，必须进信息系统，也要接受统一监管，报表、重大信息汇总必须进财政统一信息系统。统一的信息系统是有效手段，信息公开、透明是监管最好的方式。进一步继续完善统一监管。

20. 一、二、三级企业的划分依据是什么？

文教授：中央很多事业单位行政级别很高，设立企业的时候也有级别，一般现在划分还是司局级、处级、科级，科级以下不分，按照产权隶属关系。这种划分还不是照《公司法》规定的完全产权关系，而是按行政级别的关系。

21. 运营公司治理结构和一般企业、中投有什么不同？

文教授：中投在严格意义上不是国有资本投资，是国家主权基金的性质，设立基于当时外汇储备的快速增长的背景，70%是在国外投资，不能当成一个中国投资公司。包括部里说参照中投模式，是不可行的，第一，它的市场在海外；第二，它在管理上分前、中、后端，将来国有的资本投资公司这种做法是不行的。

国有的资本投资公司、运营公司，只要依法登记，符合《公司法》的规定，那在公司治理上和其他股份制公司、金融机构没有区别。公司治理就是股份制公司里各个权力中心的相互分离、相互制衡。按照国内的《公司法》就是四个权力中心，即股东会、董事会、管理团队、监事会，这四个权力要分开，改革大趋势是，股东从董事会退出，在股东大会行使表决权，不干涉董事会；董事会外部化，以独立董事为主导，占4/5甚至更多；管理团队完善聘任制、聘任合约，责任义务明确，像欧美管理团队要保证向董事会提供的各种报表数据、财务指标都是真实的，还要在诚信誓言上签字；我国《公司法》规定，监事会可以监督董事会行使权力、监督管理团队行使权力，监事会直接对委托代理关系负责。有两个委托代理，一个是股东会和董事会；另一个是股东会和监事会，两层委托代理。

所以，我们讲的国有的资本投资、运营公司在公司治理层面和一般股份制企业没有区别。

22. 董事的规定需要注意什么？

文教授：从国际惯例来看，可以借鉴：3年一换，外部董事连任不超过两届（对执行董事无限制），每两届董事会成员至少更换30%，管理团队可以不动。董事没有年龄限制。薪酬大同小异，执行董事年薪制。外部董事"津贴""车马费"，和公司规模、经营状况、任职年限不挂钩。要借鉴发达国家好的规章制度。

国资委外部董事思路是有问题的，一定要突破。看看外国聘的外部董事，人员一定要强调外部化、专业化。

对董事会和管理团队进行权力划分，用公司运营的概念，分为两类。董事会是监督权、控制权,管理团队是董事会聘任,给考核指标。管理团队是经营权、管理权,重大经营决策必须经董事会批准。董事会是监督权、控制权,监督责任、控制责任。这是作为委托代理,必须受托的两个最重要的责任。公司运营不能失控,不能丧失监督。但要把经营权、管理权下放给管理团队。国企出来的董事最大问题是在监督上不能履行责任。

23. 对持股企业治理结构的创新、激励应如何进行?

文教授:在管理创新上:① 对管理团队,股权激励;② 对核心技术人才、专业人才,股权激励。在战略目标上,定位国有资本运营公司3~5年一定要上市的,要进入资本市场。

24. 公司结构发展规划、部门设置?

文教授:财务、审计必须有,统一收支结算、薪水统一发放、统一的财务信息系统,财务和审计可以合二为一,也可以分开。资本运营部应该有,股权投资项目部应该是最大的一个部门,主要是做企业的项目储备、调研、论证、决策,可以再细分。资本金和银行贷款无法一直支撑公司,还要有基金部。

公司组织架构的结构强调扁平化,各个板块、事业部下只设一级公司,不能有那么多层级,最多到三级。

25. 公司盈利分配是否就是收益上缴?

文教授:关于国有资本经营预算,有两大原则:① 国有资本金预算到2020年必须发展到30%,划转到一般公共资本运算;② 上缴红利,中央政府有四个层级,最高资源能源类到25%。将来国有的资本运营公司肯定要上缴红利,其百分比不能低于现在的25%,有3年免交期也可以。个人建议30%封顶或者最高不超过35%。将来各地可以自行制定。

26. 资本有序进退如何理解?

文教授:退,国有股权可以退、国有企业可以退,包括了国有股权的减持、国有企业的出售。进,从收购非国有企业的股权开始。退,从国有退出;进,进入非国有领域。

资本运营就是依托资本的兼并收购,不断延伸,范围扩大到股权投资,严格意义上也是并购。股权投资可以跨产业、跨区域、跨国界,都属于资本运营的范畴。国有的资本运营公司单纯地进行资本运营肯定是不行的,将来股权投资都要落在产值、科技附加值较高,创造价值能力较强的股权投资上。但更多的可能是参股、相对控股,不去绝对控股。对金融企业进行投资可能并不是优势。

27. 对公司下持股企业是否需要财政监管?

文教授:不需要。只在母体层面,没必要再监管下层。

国有资产的总资产和净资产重复计算量很大是当前的问题,在重复登记的同时没有剔除。将来监管,从国有资产、国有资本监管来看,就是合并报表的概念。

江苏统一监管,应该有三点:① 进入统一信息系统;② 以合并报表的概念计算经营性国有资产权益;③ 通过前两点,能算出经营性国有资本价值。

28. 党组如何设置?

文教授:书记一正一副。党委成员满足:① 人员尽可能不扩大化;② 尽可能让非专业人士做。

图书在版编目(CIP)数据

国有资本运营公司授权经营研究/于成永著. —南京：南京大学出版社，2021.10
（财青学者文丛）
ISBN 978-7-305-24381-3

Ⅰ.①国… Ⅱ.①于… Ⅲ.①国有资产经营－授权经营－研究－中国 Ⅳ.①F123.7

中国版本图书馆 CIP 数据核字(2021)第 074344 号

出版发行	南京大学出版社
社　　址	南京市汉口路 22 号　邮　编　210093
出 版 人	金鑫荣
丛 书 名	财青学者文丛
书　　名	**国有资本运营公司授权经营研究**
著　　者	于成永
责任编辑	苗庆松　编辑热线　025-83592655
照　　排	南京开卷文化传媒有限公司
印　　刷	江苏凤凰数码印务有限公司
开　　本	718×1000　1/16　印张 12.25　字数 220 千
版　　次	2021 年 10 月第 1 版　2021 年 10 月第 1 次印刷
ISBN	978-7-305-24381-3
定　　价	48.80 元

网　　址：http://www.njupco.com
官方微博：http://weibo.com/njupco
官方微信服务：njupress
销售咨询热线：(025)83594756

* 版权所有，侵权必究
* 凡购买南大版图书，如有印装质量问题，请与所购图书销售部门联系调换